Kristina Hazler

BewusstseinsCoaching 4
Grenzgänge I

BEWUSSTSEINSCOACHING 4

Grenzgänge I

Kristina Hazler

1. Auflage
© 2015 BewusstseinsAkademie, Wien
Alle Rechte vorbehalten.

Lektorat: BewusstseinsAkademie, Wien
Umschlaggestaltung: © BewusstseinsAkademie, Wien
Umschlagmotiv: © anuphadit/shutterstock
Printed in Germany by Amazon Distribution GmbH
ISBN: 978-3-903014-02-2

www.BewusstseinsAkademie.com

Das SelbstErkennen während

des Lesens dieses Buches ist nicht

zufällig, sondern möglich.

Das Schöne muss nicht nur
das Greifbare und das Sichtbare sein.
Das Schöne kann auch das sein,
was gerade geschehen ist,
das, was in einem abgelaufen,
das, was in einem passiert ist
oder das,
was einem aufgrund von sogenannten
„unschönen" Situationen
zugestossen ist.

Ist das nicht grossartig?!
Dass wir die Möglichkeit haben,
durch das scheinbar Unschöne
das Schöne, das Herrliche,
das Wunderbare, das Eine
zu erfahren?

— Kristina Hazler —

INHALT

Vorwort	12
Die Sprache und das Leben als Schule *Auf der linken Seite des Ufers*	17
Hier und Jetzt! *Ein- oder ausgesperrt?*	31
Die Grenze *Auf der rechten Seite des Ufers*	47
Im Labyrinth *Erwächst die Zukunft aus uns?*	53
Der Abgrund *Wir schaffen auch das Unmögliche!*	69
Die Mitte *Leben wir das was wir leben wollen?*	77
(Er)Warten *Warum sind wir unbelehrbar?*	87

Der Sinn des Unsinns 111
Das Leben basiert auf dem Leben

Dammbruch 131
Aktion und Reaktion

Das Schweigen 145
Der inneren Stimmen einen Raum geben

Blockade 159
Was holt uns immer wieder ein?

Vorwort

Dieses Manuskript habe ich bereits im Jahr 2008 geschrieben. Es war ein weiteres Experiment von mir. Ich bin mehrsprachig erwachsen geworden und kam darauf, dass mir verschiedene Sprachen verschiedene Blickwinkel auf ein und dasselbe Thema bieten. So gestaltete ich dieses BewusstseinsCoaching zu ein und demselben Thema meistens zwei Mal. Einmal in meiner Muttersprache und dann auf Deutsch. So entstand noch ein tiefgründigeres und sehr persönlicheres Buch bzw. BewusstseinsCoaching und ich ahnte damals überhaupt nicht, wie aktuell und welche allgemeine Gültigkeit es zur Zeit der Veröffentlichung haben wird. Während das Manuskript vor sich hin reifen durfte, geschahen im Außen nach und nach, in unserer gemeinsamen Welt, grundlegende, auf ersten Blick nicht angenehme und nicht schöne Veränderungen. Im Frühjahr 2015 gab ich den Text endlich zum Lektorat frei und staunte nicht schlecht, als parallel dazu das Grenzthema mehr denn je auch überall um uns herum sicht- und greifbar wurde. Nicht nur, dass sich Flüchtlingsströme gen „heiliges" Europa, unbeeindruckt der Grenzen und Grenzkontrollen, über diese hinweg bewegten, sondern, das noch vor wenigen Jahren endlich ohne Zwischengrenzen vereinte Europa begann auch, nicht nur nach Außen-, sondern auch nach Binnengrenzen zu rufen und sie tatsächlich aufzustellen.

Jetzt, während ich an diesem Vorwort schreibe, ist es Dezember 2015 und ich weiß nicht, wohin die „Grenzentwicklung" uns in den nächsten Jahren führen wird. Ich hoffe jedoch, dass dieses Buch einen Beitrag leistet und denjenigen hilft, die bereit sind, das eigene Verständnis der Grenzen und Grenzüberschreitungen zu hinterfragen und tiefer zu verstehen, wodurch der erste Schritt zum bewussteren, mehrschichtigen Verständnis der aktuellen politischen, wirtschaftlichen, ethnologischen und sozial-kulturellen Situation, dem Sehen mit den „eigenen Augen und mit dem eigenen Herzen" getan wäre. Und nicht vergessen: Zu verstehen bedeutet nicht, einverstanden zu sein! Verständnis für/zu etwas zu haben, bedeutet nicht, dass es einem gefallen muss. Und auch wenn es uns nicht gefällt, sich für uns nicht gut anfühlt; es bedeutet nicht, dass es keinen (eigenen) Sinn und keine (eigene) Wahrheit hat bzw. in sich trägt. Wir leben in der Zeit der geistigen und seelischen Herausforderung. Wir überschreiten täglich unsere persönlichen (Schatten)Grenzen, die uns durch Erziehung und Ausbildung in die Wiege gelegt worden sind. Und doch sollen wir uns immer wieder ein Stück aus dem Geschehen herausnehmen, um kein gejagter und getriebener Grenzgänger zu sein und einen Augenblick in der Liebe zu all den Grenzen, die wir bereits passiert haben, zu verweilen, um uns selbst, dank ihnen, in einem Spiegel der erfolgreich gemeisterten Herausforderungen zu sehen und anzunehmen.

Die nächsten Jahre werden uns sicherlich noch mehr Möglichkeiten zu dieser erkenntnisreichen Spiegelung der eigenen Potentiale und Fähigkeiten, aber auch der noch unerkannten eigenen BeGrenzungen bieten. Ich wünsche uns allen viel Glück und innere Ruhe bei so einem anspruchsvollen menschlich-seelischen Reifeprozess.

Da jede Grenze etwas in zwei Seiten teilt, halten Sie nun auch den ersten (einen) Teil von „Grenzgänge" in den Händen. Den zweiten Teil finden Sie im BewusstseinsCoaching - Band 2.

Alle BewusstseinsCoaching-Bände sind in der Sprache des Herzens geschrieben. So ersuche ich Sie um ein wenig Nachsicht, wenn ich der in den Zeilen beinhalteten Energie und im Subtext enthaltenen Botschaften den Vortritt vor der reglementierten Sprachkorrektur gegeben habe, da diese sie verzerrt hätten.

Ich bedanke mich und wünsche viele bewusste Augenblicke beim Lesen und Erfahren der nachfolgenden Coachings und der BewusstseinsGespräche.

Kristina Hazler

DIE SPRACHE UND DAS LEBEN ALS SCHULE

Guten Morgen! Heute starte ich ein neues Experiment und versuche, die Gespräche mit dir in meiner Muttersprache zu führen. Es ist sehr ungewöhnlich, weil meine Finger nicht so einfach über die Tastatur gleiten können, sondern all die Sonderzeichen suchen müssen, abgesehen davon, dass die Buchstabenanordnung an der Tastatur eine andere ist und das lenkt ab. Außerdem ist in mir ein „Gulasch"[1], weil mir all die Begriffe äußerst seltsam vorkommen, mit deren Hilfe ich mich ausdrücken soll. Zum Beispiel dieses Wort „Gulasch", das man in meiner Muttersprache gängig benutzt, klingt im Deutschen so schräg, dass ich „mich glatt vor Lachen zerkugeln" könnte. Und da haben wir gleich das Nächste: „sich vom Lachen zerkugeln". Warum kommen mir wohl diese Worte so komisch, gar ungeeignet, für unsere Gespräche vor?

Guten Morgen meine Liebe! Was soll ich dir dazu sagen? Worte sind Worte und sie sind in ihren Möglichkeiten, etwas auszudrücken, begrenzt. Selbstverständlich kann man so einen Begriff mit einer Vielzahl von Hinweisen und Sinnhaftigkeiten füllen, fast so wie eine Taste auf der Computertastatur, der ein geschickter Programmierer verschiedene Funktionen

---

1   *Im Slowakischen ein Synonym für Chaos*

zuordnen kann. Aber einen Sinn hat es nur so lange, bis die Tastatur und die Tastenkombinationen von jemandem benutzt werden, der die angelegten Funktionen zu nutzen weiß. Außer (!), die Absicht des Programmierers war es, den Nutzer zu verwirren und ihn auf die Idee zu bringen, dass er unfähig ist, die Tastatur zu benutzen und/oder eine Computersprache zu verstehen.

Ich ahne, dass du mich zwischen den Zeilen auf etwas aufmerksam machen willst, so wie ich es aus unseren deutschen Gesprächen kenne. Aber in mir hat es noch nicht „klick" gemacht. Es verwirrt mich eher, weil es mir so vorkommt, als würde ich weiter mit dir auf Deutsch kommunizieren und dann in meine Muttersprache übersetzen, um es slowakisch aufzuschreiben. Ich verstehe nicht, warum es mir so schwer fällt, die Sprache fließen und die Worte einfach aus dem Bewusstsein auftauchen zu lassen – so wie ich es gewohnt bin. Es müsste leichter gehen – es ist doch meine Muttersprache! Ich komme mir wie ein Erstklässler vor, der eingeschüchtert in der Bank sitzt und überwältigt auf das Buchstabenmeer schaut, das er zu etwas Sinnvollem verbinden soll – so, dass es jeder versteht.

Und das – bitteschön – mir. Ich liebe die Kunst, aus Worten etwas zu kreieren. Ich liebte es schon lange vor meiner „deutschen" Zeit. Ich liebte und liebe es, egal in welcher Sprache, in wohlklingenden Worten und Sätzen meine Empfindungen auszudrücken, zu vermitteln. Und jetzt stehe ich da: überfordert mit der eigenen Sprache, unfähig mich weiterzubewegen, unfähig, in ihr zu fühlen und zu denken. **Aber warum sollte der Mensch überhaupt in Sprache, in Worten fühlen und denken, wenn diese so begrenzt sind?** *Warum bin ich nicht einfach ich und drücke das, was gerade in mir ist, in der Sprache aus, die in dem Moment aktuell ist? Was ist das für ein Unsinn, dass ich mich plötzlich so behindert fühle, als würde mir die Hälfte meiner Datenbank fehlen? Ist es möglich, dass ich mich bereits so verdeutsche, dass meine ursprüngliche Natürlichkeit verloren gegangen ist? War es meine Absicht, eine Österreicherin oder eine Deutsche zu werden? Ich glaube nicht. Ich fühle mich nicht so. Es ist eher so, dass ich nicht das und auch nicht das bin. Warum? Und ist das schlimm, nicht Fisch und nicht Krebs zu sein?[2] Warum sollte ich das Eine oder das Andere sein? Schon alleine, wenn ich mir die europäischen Staaten anschaue, wie sie immer mehr in sich zerfallen und der, der noch vor ein paar Jahren ein Russe war, ist heute ein Ukrainer, Weißrusse oder Moldauer. Der, der Jugoslawe war, ist jetzt zum Beispiel ein Bosnier und ich war einst eine Tschechoslowakin und bin auf einmal eine Slowakin (wer hat mich gefragt, ob ich es möchte?). Und mittlerweile bin ich nicht einmal das ... und Österreicherin bin ich auch nicht.* **Ist nicht jeder vor allem ein Mensch – ohne Rücksicht darauf, welcher Nationalität er ist? Ist das nicht das Wichtigste? Das, was wir alle gleich**

---

2 slowakische Redewendung – wortwörtlich übersetzt

haben? Was hängt schon von der Sprache ab? Und doch ... !
Und doch kommt es mir so vor, dass hier etwas ist; etwas, das außerhalb meines Bewusstseins ist, etwas, das sich in meinem Gehirn oder irgendwo anders quer stellt und mir nicht erlaubt einfach so zu sein wie ich bin. Oder ist das, was ich in diesem Moment bin eine begrenzte Slowakin, eine reisepasslose Österreicherin, eine Gastarbeiterin, die sich besser in der Sprache des „Gastlandes" als in der eigenen ausdrücken kann? Ist das wirklich so? Oder ist es nur eine Illusion? Ob in Deutsch oder in Slowakisch, die Illusion scheint international, in der Sprache und in den Worten versteckt und kodiert zu sein.

Was sagst du zu diesem Durcheinander in mir?

Die Sprache ist wie ein Tor. Es hilft, sich auf einer gewissen Ebene auszudrücken und zu begegnen. Genauso **wie ein einfaches Tor hat sie die Funktion, die Fähigkeit, zu öffnen, aber auch zu (aus)schließen.** Und ... ein Tor auf der menschlichen Ebene hat auch eine schützende Funktion. Das Tor wird für die Nacht, wenn das Bewusstsein schläft, wenn es nicht wacht, nicht(s) weiß, vor unwillkommenen Gästen zugemacht. Das Tor wird auch dann zugesperrt, wenn der Mensch alleine mit sich selbst sein und Ruhe haben, sich entspannen, erholen will. Das Tor wird auch dann geschlossen, wenn der Mensch signalisieren will, dass er nicht zu Hause ist und das Tor wird oft nach der Arbeitszeit vor der Nase der Eindringlinge oder auch Bekannten zugeknallt, um ihnen auf diese Weise mitzuteilen, dass sie nicht willkommen sind.

Aber ein Tor hat auch eine Öffnungsfunktion (nicht nur die Schließfunktion – es ist wichtig, sich dessen bewusst zu werden) und wird dann geöffnet, wenn ein Mensch entschlossen ist, sein Nest, sein Schneckenhaus, seine Zuflucht zu verlassen, wenn er für neue Erfahrungen und Begegnungen in der Außenwelt bereit ist oder auch dann, wenn er Gäste in seiner Wohnstätte empfangen, ihnen die eigene Welt zeigen möchte. Und genauso macht er das gleiche Tor bzw. die Tür von innen auf, wenn er seinen Gästen andeuten will, dass es Zeit ist, sich auf den Weg zu machen und seine Welt zu verlassen.

Was hat das mit einer Sprache oder mit dem Ausdruck gemein? Was für einen Unterschied gibt es zwischen Sprache und dem sprachlichen Ausdruck und Gebrauch? Warum äußert sich zum Beispiel dein Talent, das im Deutschen so unübersehbar ist, im Slowakischen (noch) nicht?

Es sind alles ziemlich komplizierte und komplexe Themen, die in dieser modernen Zeit sehr tief im Unterbewussten der Menschen schlummern. Denn es gab noch nie solche Zeit, in der so viele Menschen dieses Thema klären konnten. JETZT ist der Bedarf da. Rundum werden unbewusst bzw. „bewusstlos" und auch leichtsinnig Sprachtore geöffnet und neue fremd klingende Begriffe hereingelassen, die aus anderen Welten stammen und dadurch die in diesen Welten vorherrschenden Themen, Schemen, Muster und Systeme eingeschleust. So braucht man sich nicht zu wundern, dass auf einmal fremde Systeme in die eigene Umgebung vordringen und dort beginnen, alles auf den Kopf zu stellen, bis man sich nicht mehr zu Hause fühlt. Niemand sagt, dass es etwas Schlechtes wäre oder dass irgendwo ein Fehler passiert, es ist einfach der Lauf der Dinge und der Zeit.

Wie bei allen unseren Gesprächen, ob in Deutsch oder Slowakisch oder in egal welcher Sprache – wir sind doch international :) – es geht uns immer um das Bewusstsein, um sich dessen bewusst zu werden, warum manche Dinge so geschehen wie sie geschehen, was die Ursache und was die Wirkung, die Folge ist. Ohne zu werten, ohne zu verurteilen. Neutral. Ganz einfach neutral. Aus der Position eines Beobachters, der weiß, dass alles dem Lernen dient und dass die Menschen teilweise selbst wählen, was und wie sie es lernen möchten. Es ist ihre freie Wahl, die einfach im Rahmen des Resonanzgesetzes, wie wir schon in anderen Büchern besprochen haben, die Situationen und Erlebnisse anzieht, die für den gewählten Unterricht notwendig sind.

Schon mehrmals haben wir diese Welt wie eine Art Bühne beschrieben, in der sich jeder in verschiedenen Rollen probiert, die er bewusst oder auch unbewusst wählt und in der solche Mittel wie Kulissen, Masken, Kostüme und

Drehbücher, wie auch Regisseure, Souffleure und andere ein Spiel bzw. Theater unterstützende Mittel sind.[3]

Jetzt können wir uns die Welt mit Hilfe des Symbols bzw. der Metapher der Schule anschauen. Wenn wir diese Welt wie eine große Schule betrachten, mit einzelnen Klassen für Erstklässler oder sogar für die des Vorschulalters, aber auch für die ganz Kleinen, die erst gehen lernen, wie aber auch für die Fortgeschrittenen, die hohe Ansprüche an eine besondere, eng spezialisierte Ausbildung haben. Es existieren verschiedene Fakultäten, die ein Studium in dem gewählten Fachgebiet ermöglichen und so, wie das auch im normalen Leben ist, treffen dort die Anfänger wie auch die angehenden Absolventen, frischen Akademiker, Forscher und lang dienenden Mentoren zusammen. Auch der älteste Professor nimmt noch immer am Unterricht teil, ob er es weiß oder nicht und auch genauso wie ein Wissenschaftler, der schon ewige Jahre in anerkannten oder verkannten Bereichen forscht.

Und wieder diese Frage: Was hat das mit der Sprache und dem Ausdruck zu tun? Kann man sich das so vorstellen, als würden innerhalb einer Fakultät alle eine gemeinsame Sprache sprechen? Wer und wo spricht man schon die gleiche

---

3 z.B. im Buch „Der Mensch und seine Heilung – Das göttliche Puzzle" im Kapitel „Die Bühne"

Sprache? Meistens die, die sich auf derselben Wellenlänge befinden, wie z.B. Wissenschaftler, Professoren, Erstklässler oder schon alte Hasen auf einem bestimmten Gebiet. Manchmal können nämlich Menschen die gleiche Sprache sprechen, obwohl sie sich in verschiedenen Fremdsprachen ausdrücken.[4] Sprache – die Sprache teilt die Menschen, sie ordnet sie in Schubladen, in Fakultäten, in Gebiete, in Länder, Nationalitäten ein. Es gibt aber auch eine Sprache, die Menschen verbindet. Die (Fremd)Sprache verursacht, solange sie die Menschen nicht erlernen, nicht gut beherrschen, dass sie sich schwer mit den „Einheimischen" verstehen können. Während die „andere Ausdrucksweise" verursacht, dass sich die Menschen trotz verschiedener Sprachen verständigen und verstehen können.

Und jetzt zu dir, meine Liebe. Deine Frage ging eigentlich in die Richtung, warum du diese Eingebung bekommen hast, statt bereits die fertig geschriebenen Bücher in deine Muttersprache zu übersetzen; ein Neues – und noch dazu nicht in Deutsch, sondern in Slowakisch zu schreiben, zu beginnen? Auf den ersten Blick fehlt diesem Impuls unsere alte Bekannte – die Logik. Aber nur auf den ersten Blick;

---

4 *Hier kennt die slowakische Sprache zwei verschieden Ausdrücke. Je nachdem, um welche Sprache es geht – einmal im Sinne gemeinsame Sprache sprechen und einmal ein anderer Ausdruck für Sprache als Fremdsprache. Ähnlich wie im Englischen, wo zwischen „speech" und „language" unterschieden wird. Um hier zu unterscheiden, werde ich als Ergänzung das Wort (Fremd)Sprache nehmen.*

solange wir uns auf der Ebene der verkehrten Logik bewegen, über die wir schon in vorherigen Bänden geschrieben haben.[5] Unsere Logik, in der wir uns bewegen, steht über den Sprachen. Sie ist eine Logik, die verbindet, statt entfernt und entdeckt, statt kaschiert und versteckt. Sie ist eine Logik, die erlaubt, einen klaren Geist, einen Überblick zu bewahren und im Abstand zum Eingefahrenen zu sein; eine Logik, die hinter die Kulissen blickt und unabhängig von Überzeugung und der inneren Philosophie, die „Corporate Identity" der einzelnen Fakultäten ist. Um die Klarheit bemühen wir uns. Das ist dein Unterricht, dein Parkett, deine Baustelle, meine Liebe. Dein Ding ist nicht, das schon bereits irgendwo Aufgeschriebene zu schreiben – auch wenn es die Übersetzung deines Textes in eine andere Sprache sein sollte. Deins ist das Sichtbarmachen in einer verständlichen menschlich-seelischen Sprache.

Jetzt komme ich zum Kern der Sache.

Wie du bemerkt hast, haben wir uns in den vorigen Zeilen mit den Unterschieden zwischen „Sprache" und „Sprache" beschäftigt. Und … ? Wie du gemerkt hast, ist es uns im Deutschen fast nicht möglich, klarer das auszudrücken, was im Slowakischen so eindeutig ist. Dort gibt es zwei

---

5 *Im BewusstseinsCoaching 2 wird die verkehrte Logik zum ersten Mal erläutert und im BewusstseinsCoaching 3 tiefer erklärt.*

verschiedene Begriffe für zwei verschiedene Dinge, während es im Deutschen in diesem Fall an der Ausdrucksvielfalt mangelt. Warum das so ist, ist nicht das heutige Thema. Jetzt geht es nur darum, zu verstehen was das bewirkt. Obwohl in deinem Unterbewusstsein dieses Thema in seiner Vielfalt existiert und auch die Zeit gekommen ist, dass es in dein Bewusstsein kommt und von dir durchleuchtet wird, solange du nur deutschsprachig unterwegs bist, solange gehst innerhalb einer bestimmten Fakultät du nur zur Schule, in dem dieses Thema nicht unterrichtet wird. Es ist nicht im Lehrstoff vorgesehen und dementsprechend hat die gesamte Belegschaft, das Publikum[6] der Fakultät, mit dem Thema nichts am Hut. Achtung! Absichtlich habe ich das Wort „Publikum" und nicht „Studenten" gewählt, weil es für das, was ich ausdrücken möchte, zu ungenau und irreführend wäre, weil in einer solchen „Lebensfakultät" alle unterrichtet werden; also auch Professoren, nicht nur offizielle Studenten. Wenn wir das Wort „Student" in unserem Bewusstsein neu programmieren und ihm eine logische Bedeutung zufügen würden, dass Studenten eigentlich alle sind, die noch im Lernen sind, nicht nur die, denen es bewusst ist, dass sie es tun, sondern alle – inklusive aller Administrations-, Reinigungs-, Forschungskräfte und Professoren – wenn es so im Unterbewusstsein programmiert wäre, dann hätte ich ruhig statt des Begriffes „Publikum" auch das Wort

---

6 *Dieser Begriff „Publikum" wird im slowakischen Original gebraucht.*

„Studenten" nehmen können. Also müssen wir auf die genaue Ausdrucksweise und ihre verschiedenen Ebenen achten und wissen, wer sich wo bewegt. Aber da sind wir ein wenig abgebogen.

Wie ich schon erwähnte: Würdest du dich die ganze Zeit nur im Deutschen bewegen, wäre es dir fast unmöglich, dich mit diesem Thema, das wir hier angesprochen haben, zu beschäftigen, um die Feinheiten herauszufiltern, welche für dich persönlich wichtig sind. Hier kannst du dir aber mit dem „Besuch" einer anderen Fakultät, also mit einer anderen (Fremd)Sprache, helfen; und zwar mit einer solchen, die dein Thema in ihrem „Lehrplan" hat bzw. es erforscht. Aber Achtung! Nicht, dass jetzt alle Slowaken auf einmal um fünfzig Zentimeter wachsen und denken werden, dass die Slowakei das einzige Land ist, das so einen besonderen Unterricht hat! Nein. Slowaken bzw. die Slowakei können wir nur wie einen Teil so einer Fakultät bezeichnen. Aber das ist auch nicht ganz genau gesagt. So eine Fakultät hat verschiedene Klassen, Ebenen und Dimensionen, die miteinander verflochten sind und sich ergänzen. Also nicht gleich in der Überzeugung in die Höhe springen: Endlich wissen wir Slowaken, wozu wir gut sind und was in uns ist. Immer schön auf dem Boden bleiben! Wie ich schon zwischendurch oder zwischen den Zeilen erwähnte: Alles – ob Theater, Schulen oder Fakultäten – sind nur symbolische Werkzeuge, mit Hilfe derer wir eine gemeinsame Sprache suchen und gewisse Themen klären wollen.

Meine Liebe, zurück zu dir. Wie du siehst, geht es darum, dass in dir gewisse Sachen gären, die du mit viel Mühe zu transformieren versuchst. Aber solange du es auf Deutsch bzw. in deutschsprachiger Umgebung versuchst, drehst du dich wie blind in einem Kreis. Dies kann auch verursachen, dass du nach und nach an deiner Fähigkeit, Dinge zu durchschauen, hinter die Kulissen zu schauen, sie zu erfassen und zu verstehen, zu zweifeln beginnst. Manchmal denkst du dir sogar, dass du nicht einmal mehr mich verstehst. Was dir Gott sei Dank unlogisch vorkommt und so gehst du unermüdlich „nur" der Frage nach: „Was tut sich, was ist die Sache?" Für diesen Augenblick haben wir eine optimale Methode für Themen gefunden, mit denen wir uns in diesem Buch beschäftigen werden. Ich weiß, du hättest mir nicht zugetraut, dass ich mit dir auch auf Slowakisch sprechen könnte :)

Es ist nur logisch, dass wir in Slowakisch bzw. auf der slowakischen Seite, auf dem linken Ufer, über etwas anderes schreiben werden als in Deutsch bzw. auf der deutschen Seite, auf dem rechten Ufer[7] obwohl es letztendlich um dasselbe geht.

---

7 Die in diesem Buch benutzte Bezeichnung linkes und rechtes Ufer für die slowakische und deutsche Seite ist zufällig gewählt und hat nichts mit dem „Links" und „Rechts" bzw. das eine ist das Rechte und das andere ist das Unrechte, zu tun.

So viel für heute und du wirst sehen, mit der Zeit kommst du in Slowakisch auch in den Fluss. Wie du schon in den ersten Gesprächen[8] mit mir geschrieben hast: „Übung macht den Meister". Du siehst, schon alleine dieses Sprichwort, wörtlich in deine Muttersprache übersetzt, ergibt keinen Sinn und keiner würde verstehen, was du damit sagen willst – obwohl der Sinn ja trotzdem bleibt. **Es geht nur darum, in der einen Sprache dafür die passenden Worte, entsprechend der Mentalität und der Logik der jeweiligen Nationalität, zu finden, die das ausdrücken, was man sagen will.**

Ich wünsche einen wunderschönen Tag!

---

8 *Hier ist das „BewusstseinsCoaching 1 – Das menschliche Paradoxon" gemeint*

HIER UND JETZT!

Ich weiß nicht, ob es eine gute Idee ist, aber es arbeitet in mir ein Thema aus meiner slowakischen Vergangenheit und vielleicht ist es passend, dass wir darüber in Slowakisch sprechen. Schon alleine deswegen, weil meine gestrigen Versuche, darüber in Deutsch zu kommunizieren, gescheitert sind – was mich ziemlich überraschte, weil: seitdem ich diese Art von Coachings führe, ist es mir noch nie passiert, zumindest nicht bewusst, dass ich nicht weiterkomme. Und gestern – als hätte mich jemand einfach ausgeschaltet. Ist das wahr?

Wie soll ich beginnen? Vielleicht am besten damit, dass du dich erinnerst, wie viel Arbeit es für dich bedeutete, von einem „Platz" zum anderen umzuziehen und sozusagen ganz neu, bei Null anzufangen. Damals warst du dir dessen nicht so bewusst. Alles war neu, alles war interessant und bot Lösungsmöglichkeiten bzw. Ablenkungen von eigener Unzufriedenheit. Ein anderes System, ein anderes Land, eine andere Sprache und andere Menschen – auch wenn nur sechzig Kilometer von deiner „Heimat" entfernt ... und doch schien alles anders zu funktionieren.

Zu lernen, sich in einer neuen Welt zu bewegen, ist nicht gerade ein Honigschlecken. Es ist nicht wie im Urlaub! Es ist kein Besuch! Wenn ein Mensch kommt, schaut und sieht er vor allem das, was er sehen will, weswegen er kam oder auch nur das, was ihm gezeigt wird. In den meisten Fällen (für einen Urlauber) bedeutet es: das Beste vom Besten. Das hat einen Haken. Die meisten Urlaube oder kurzfristigen Besuche erwecken den Eindruck, die Illusion, dass es irgendwo besser, schöner, ruhiger, entgegenkommender und offenherziger als zu Hause ist. Manchem Menschen wird bewusst, dass es nicht die ganze Wahrheit ist; aber es ist verführend, einmal vor allem die positiven Seiten zu sehen und sich dadurch von den täglichen Sorgen und Unzufriedenheit zu erholen. Schlimmer wird es, wenn der gleiche Mensch mit der verstrichenen Zeit zu glauben beginnt, dass das, was er im Urlaub sah, eine Realität ist und aufgrund dieser Selbsttäuschung beginnt, sich nach dem besseren Leben in seinem „Urlaubsland" zu sehnen. Nur! ... dieses „Urlaubsland" gibt es nicht wirklich.

Aber das war doch bei mir nicht der Fall, oder? Ich wusste nichts von Österreich. Ich wollte einfach nur weg – in die Welt. Ich wollte mich bewegen und atmen können.

Ja und nein. Eigentlich hatte es damit bei dir nicht mit Österreich zu tun – aber nur auf der einen Ebene. In dir lebte ein Bild, dass es überall auf der Welt besser war als „zu Hause". Dieses Bild war zwar nicht deins – aber du hast dich damit identifiziert, was nicht verwunderlich ist, weil zumindest die Hälfte der slowakischen Bevölkerung damals in so einer Überzeugung lebte. **Sperre die Menschen hinter einer Grenze ein und alle werden nichts anderes wollen, als aus der „Umzäunung", aus der Einschränkung, herauszukommen und genau dorthin zu gehen, wohin sie wegen des „Maschendrahtzaunes" nicht durften.** Wie wir schon zuletzt sagten: Es existiert auch die Alternative, dass so ein Zaun und/oder ein Tor eine schützende und nicht nur einschränkende Funktion hat. Es besteht auch die Möglichkeit, dass ein Mensch, der sich innen befindet, nicht eingesperrt, sondern, dass er ausgesperrt worden ist. Sicher, es ist wahrscheinlich nur eine halbe Wahrheit, aber darum geht es jetzt nicht. Es geht darum, dass die wenigsten Menschen im Sozialismus den Stacheldraht als eine Art Schutz betrachtet haben. Warum? Können sich so viele Menschen in ihrer Anschauung irren? Es kann, muss aber nicht sein. In diesem Fall geht es darum, zu sehen mit wem man gemeinsam eingeschlossen war und ob man die Möglichkeit der freien Wahl hatte. Konnte man raus, sich umzuschauen und alleine entscheiden, ob man reingeht, ob man jemanden anderen hineinlässt oder aussperrt. Diese Möglichkeit gab es im Sozialismus offensichtlich nicht. Und das war der Grund, der Trick, warum so viele Menschen begannen sich nach etwas Anderem umzusehen, statt zuerst zu verstehen, was sie an ihrem Zuhause haben, um was es zwischen den „eigenen vier Wänden" geht. So passierte es, dass sich viele Menschen unbemerkt in ihrer Vorstellung hinter die Absperrung verschoben, verrückt haben.

Hier können wir uns schon besser vorstellen, warum es zum „Fall der Mauer" kam und warum plötzlich das westliche System – von einem Tag auf den anderen – im früheren „Schutzgebiet" die Befehlsmacht übernahm. Es geht nämlich um solche Dinge wie **Energie, Bewusstsein und Ausrichtung**. Wenn sich eine große Menschenmenge gedanklich, emotional auf ein anderes Gebiet ausrichtet als auf das wo sie sich gerade körperlich befindet, ist es nur eine Frage der Zeit, wann sie das Resonanzgesetz und die Energie auch physisch dorthin bringt, wo sie sich bereits geistig befinden. Sogar auch dann, wenn dem Körper so etwas „Banales" wie ein Stacheldraht oder ein elektrischer Zaun oder eine gigantische Betonmauer im Wege stehen. Man braucht sich also nicht zu wundern, dass eine angestaute (Energie)Welle, wie ein Tsunami die Grenzen niederriss und ein Teil der „sozialistisch erzogenen" Nation sich auf das andere, auf das fremde Gebiet letztendlich körperlich verschob – die Energie folgte der Aufmerksamkeit!

Aufgrund dessen, was wir gerade beschrieben haben, war es logisch, dass sich diejenigen, die schon im Geiste woanders lebten, sich nach der Öffnung auch dorthin verschoben haben und diejenigen, die vor Ort zufrieden waren, weiterhin geblieben sind. Aber ganz so ist es nicht geschehen. Viele von denen, die „herauskamen", erkannten bewusst oder unbewusst, dass ihre Vorstellungen nicht der Realität entsprachen und dass es nicht leicht ist, irgendwo in der Fremde ein neues Leben anzufangen. Letztendlich: Warum sollten sie ausgerechnet dann weggehen, wenn das Tor geöffnet wurde und der Mensch jeder Zeit die „frische" Luft schnappen gehen und gleichzeitig aber in das eigene warme Bett zurückkehren konnte – mit der zufriedenen Feststellung, dass es zu Hause doch nicht so schlimm sei? Solche „Forscher" kehrten in ihrem Geiste bald auf ihren ursprünglichen Platz zurück und konnten letztendlich zufriedener leben. Endlich! – ohne sich ständig nach etwas Besserem zu sehnen. Andere „Spezialisten" landeten „draußen" aber begannen die Welt dort mit einem Blick zu betrachten, der gewohnt war, das alles zu sehen, was sie zu Hause nicht hatten. Kaum jemand kam auf die Idee, dass es vielleicht einen Sinn hatte, dass es gewisse Dinge „Zuhause" nicht gab. Die verkehrte menschliche Logik flüsterte doch ein: „Wir haben es zwar nicht zu Hause, aber wir können es haben und müssen inzwischen sogar nicht einmal von zu Hause weg." Was ist dann geschehen? Irgendwo wurden sich Menschen bewusst, dass an ihrem zu Hause etwas anders als hinter der Grenze war; auch wenn sie nicht genau wussten, was das war. Aber irgendetwas musste es gewesen sein, weil es sich doch mehr nach zu Hause anfühlte als irgendwo anders. Aber dann sind ihnen all die Errungenschaften des Westens eingefallen, die verlockender waren als alles das, was sie zu Hause bereits hatten und kannten. Warum auch nicht. Das zu Hause, das war altbekannt, ist viele Jahre unverändert geblieben, wurde nicht weiterentwickelt, sondern benörgelt. Warum darin also einen Wert sehen? **Ist es nicht einfacher, einen Wert in dem zu sehen, was neu, noch unbekannt ist und was nicht schon hundert Mal schlecht gemacht wurde?** So saßen diese Menschen zwar zu Hause, aber ihre Gedanken, ihr Bewusstsein richteten sich noch immer nach irgendwo anders aus – hinter die nur mehr gedachten Grenzen. Und weil sie in sich nicht einen besonderen Drang verspürten, sich von zu Hause weg zu bewegen, so taten Energie und das Resonanzgesetz (die immer und überall wirken) das ihre, ohne Rücksicht auf die Sprache und irgendwelche Mauern, respektive Zäune – und marschierten von der anderen Welt rein. So begannen auf einmal und ohne Vorwarnung, all die erträumten und auch nicht erträumten Errungenschaften des Kapitalismus das gesamte, bis dorthin davon „freie" Gebiet zu überschwemmen. **Und es handelte sich nicht nur um die offensichtlichen Sachen, sondern auch die „Feinstofflichen" – die sich aber auf einmal gar nicht so fein anfühlten.**

Was ist jetzt? Grenze ist fort, die Türen gehen nicht nach dem Ermessen und Bedarf auf und zu. Nein: sie bleiben offen und alles mischt sich. Und die Menschen wundern sich warum, wenn sie sich doch nicht wegbewegten, wenn sie zu Hause sitzen geblieben sind, warum sich auf einmal das Zuhause nicht mehr wie Zuhause anfühlt. Warum ist plötzlich alles anders – wie auf den Kopf gestellt? Wohin in so einem Fall gehen? Wohin den Geist, die Sehnsucht nach einer besseren Zukunft diesmal ausrichten? Alles, wonach man sich in der Vergangenheit sehnte, ist direkt vor der Tür, gar im Haus, in der Wohnung, sogar in den Menschen selbst.

Damit wir uns nicht falsch verstehen! Niemand sagt, dass Sozialismus ein Sechser im Lotto war. Sozialismus war ein Konstrukt – so wie auch Kapitalismus ein Konstrukt ist. Er war eine Bühne, Theaterstück, Schulklasse bzw. eine Fakultät. Das Problem liegt darin, dass die Menschen hinter der Mauer merkten, dass das, was ihnen aufgetischt wurde, nicht die Wahrheit war und die verkehrte Logik riet ihnen, die vermisste Wahrheit nicht in sich, bei sich, sondern irgendwo draußen, hinter der Grenze zu suchen – als würden diejenigen, die drüben weilten, über das Leben besser Bescheid wissen. Die Enttäuschung verursachte die Erkenntnis, dass dem nicht so war. Leute haben sich wirklich reingekniet. Sie lernten Fremdsprachen, besuchten fremde Bühnen, benachbarte Fakultäten und das alles nur, um sich bewusst zu werden, dass es dort nicht wirklich anders ist und dass, egal ob auf der einen oder anderen Seite, die Menschen überall in Unsicherheit, Unbewusstheit tapsen.

Und was jetzt? Was fängt man an mit solcher Erkenntnis? Ist alles verspielt, kaputt gemacht? Jede Hoffnung unwiderruflich dahin? Einen neuen Stacheldraht aufziehen? Sich verbarrikadieren, ausladen, vertreiben?

Sicher nicht. Ich sage: Endlich wurden viele Sehnsüchte

durchschaut und jetzt besteht die wundervolle Chance zu sich zurückzukehren, unabhängig davon, was auf welcher Bühne gespielt wird. Zu sich zurückkehren, sich des eigenen Geistes bewusst zu werden, ihm einen Rahmen geben – nicht erst irgendwo in einer Zukunft, irgendwann, wenn es besser, anders wird, wenn es die Zeit erlaubt, sondern jetzt gleich. Jetzt braucht man nichts mehr in die Ferne zu rücken, auf einen anderen Platz zu verschieben. Jetzt „reicht es" in der Gegenwart zu leben, in sich hineinzufühlen, sich selbst bewusster zu werden und sich auf den eigenen Weg einzulassen.

Das alles klingt sehr interessant und sicher ist es ein Blickwinkel, aus dem ich es noch nicht betrachtet habe, aber: Was hat das alles mit mir zu tun? Es ist mir klar – zumindest empfinde ich es so – dass ich in Österreich gelandet bin, weil ich seit der Kindheit mit Informationen und Eindrücken aus dem österreichischen Fernsehen, Radio, Zeitschriften und Magazinen gefüttert wurde, die voll mit zufriedenen und freien Menschen war, die alles gehabt haben und alles durften und weil meine Eltern sich nach dem Westen sehnten. Wie du schon sagtest, es war die allgemeine unbewusste Ausrichtung eines Teils der Bevölkerung, wenn nicht des gesamten tschechoslowakischen Volkes. Es erklärt mir aber nicht, warum ich dann nicht, wie viele andere, zurückgekehrt bin; spätestens dann, als ich merkte, dass hinter der Grenze auch nicht alles so rosig war, wie ich aus all den „Schöner Wohnen Katalogen" rausgelesen hatte. Das ist mir doch ziemlich bald bewusst geworden, bevor ich integriert war. Es gab also noch die Möglichkeit ... oder?

Die Möglichkeit sicher, aber eine Wirklichkeit? Welche Wirklichkeit? Wenn du dich erinnerst, dann weißt du, dass du es sogar probiert hast. Du bist doch für eine kurze Zeit zurückgekehrt. Du suchtest dir sogar einen neuen Job, wolltest einen eigenen Betrieb eröffnen ... also die Möglichkeit gab es. Was ist dann aber passiert?

Ich weiß nicht. Hatte es mir nicht gereicht? Wollte ich es noch besser wissen? Brauchte ich noch eine weitere Lektion?

Ja und nein. Es hängt davon ab, auf welcher Ebene wir es betrachten, auf welcher wir denken und auf welcher wir uns bewegen. Wie du weißt: Auch, wenn die Dinge später vollkommen klar sind, am Anfang scheinen sie nicht besonders einfach und eindeutig zu sein.

Denke unabhängig. Lasse dich führen. Was waren die nicht offensichtlichen, die damals unbewussten, Beweggründe? Warum bist du nach Österreich zurück gelotst worden? Ich möchte nicht das hören, was du damals dachtest warum du zurückgehst. Solches Denken war damals wichtig, damit du dich auch wieder dorthin begibst. Das Zusammenspiel der Umstände und nicht besonders unterstützende Energien für dein Geschäftsvorhaben in der Slowakei waren nur Symbole, nur eine Kommunikation, eine klare Sprache, die dich wieder nach „Österreich" ausrichtete, wobei du beim zweiten Mal das Land schon ein wenig besser kanntest!

Alle Erfahrungen, die du bis dahin mit Österreich hattest, konzentrierten sich auf einen kleinen Kreis von Menschen und auf ein kleines Gebiet. Dass du dort nicht zufrieden warst, hast du dir mit deiner Inkompatibilität mit diesen Menschen erklärt. Aber solche Erfahrungen hattest du doch auch in der Slowakei. Es hat noch gar nichts ausgesagt und nichts aufgezeigt. Auch wenn du kurz in die Slowakei zurückgekehrt warst, vor allem weil es so schien, als wenn das Land endlich erblühen wird, dass aus ihm endlich eine freie Heimat entsteht – heute weißt du doch, dass es darum nicht ging. Heute empfindest du nur Trauer, dass die erträumte Heimat, ob auf der einer oder anderen Seite, verschwunden war.

Wärst du in der Slowakei geblieben, hättest du wieder in einer Illusion der bald blühenden Zukunft und nicht in der Gegenwart gelebt. Alles wäre auf das „Dann" ausgerichtet gewesen. Dann, wenn sich die Leute endlich besinnt haben, gescheiter wurden, wenn sie endlich die richtigen Politiker und Regierenden gewählt haben, wenn sie verstanden und sich bewusster wurden, wenn die Wirtschaft endlich in die Gänge kam, sich die Schulen änderten …

Inzwischen ist mehr als ein viertel Jahrhundert vergangen.

Hast du heute den Eindruck, dass es dort schon so ist wie du es fühltest, dass es möglich wäre? Hätte es sich gelohnt, die Gegenwart zu vergessen und für die mögliche Zukunft zu leben? Bot dir persönlich Österreich nicht die Möglichkeit augenblicklich in der Gegenwart zu leben? Waren es nicht gerade die anfänglichen Schwierigkeiten, die Anfänge mit neuen Menschen, anderer Mentalität, anderen Prioritäten und Vorurteilen, die dich aus deinem rosigen Traum in die Gegenwart katapultiert haben?

Das war das Ziel?

Auch das. Selbstverständlich hätte es solche Möglichkeiten auch in der Slowakei gegeben. Viele Menschen, die dort geblieben sind, mussten auch von vorn anfangen und sich mit neuen Spielregeln vertraut machen, sich neu orientieren und um das Überleben „kämpfen". Um das alles war es dir aber nicht gegangen.

Nicht?

Erinnere dich, um was es dir gegangen war ...

Menschen begegnen, kommunizieren, Ansichten tauschen, sehen, kennenlernen wie andere leben?

Fragst du? Warum glaubst du nicht, dass es dir darum ging?

Wenn so vieles eine Illusion ist, warum sollte nicht auch das, was ich mir denke, Illusion sein?

Es klingt zwar logisch, aber ... es geht doch – wie immer – ums Gefühl. Um das Gefühl zu dir selbst, wer du bist usw. Du bist doch kein Anfänger!

Auf Slowakisch wahrscheinlich schon.

Na gut. Darum geht es ja, sich auch im Slowakischen bewusst zu werden wer du bist und was deine Beweggründe waren.

Wenn ich mich hineinfühle, dann kann ich nur sagen – so mit fünfzehn, sechzehn, bevor das „ernste Leben" anfing, damals dachte ich mir zu wissen um was es mir geht bzw. dass ich fühle, um was es mir im Leben geht.

Das alles ist wunderbar. Aber warum musst du für solche Informationen in die Vergangenheit gehen? Warum sollte es heute anders sein? Warum glaubst du, dass heute deine Beweggründe, dein innerer Bedürfnis anders als damals sein sollte?

Was weiß ich.
Wahrscheinlich glaube ich, dass ich damals noch „unschuldig" war, nicht durch das Leben „kaputt" gemacht und gezeichnet. Es klingt komisch, aber es fällt mir nichts anderes ein.

Gut. Wenn wir es logisch anschauen, dann würde es bedeuten, dass du die Möglichkeit in Betracht ziehst, dass du heute oder damals kein richtiges Gefühl, nicht die richtige Meinung hast/hattest. Aber heute fühlst du doch bzw. weißt du doch, dass du auf dem „richtigen" Weg bist. Nicht?

Wenn ich in guter Kondition bin :), dann ja.

Das würde also bedeuten, wenn sich die damaligen Bedürfnisse und Gefühle im Vergleich zu heute verändert hätten, dass, wenn du heute richtig liegst, du damals danebengelegen hättest. Aber gerade sagtest du, dass du in die Vergangenheit schautest, weil du damals unschuldig, nicht gekennzeichnet usw. warst – also rein. Dem fehlt die Logik, meine Liebe. Wenn du heute richtig liegst und damals, weil unschuldig, ungekennzeichnet, dann ... dann brauchst du dir wahrscheinlich nur zu vertrauen und in der Gegenwart zu bleiben und dich nicht irgendwohin flüchten, wo du glaubst, dass dort „größere" und „reinere" Wahrheit liegt. Wahrheit ist nur eine! Sie ist nicht reiner, größer oder was weiß ich, was den Menschen noch so einfällt. Und ... Wahrheit ist immer und überall. Es geschieht nur, dass sie der Mensch nicht sieht, sie nicht in seinem Blickwinkel hat oder ihr nicht glaubt und eine Vorstellung davon pflegt, dass das, was er gerade sieht, nicht die Wahrheit sein kann. Aber das alles ist doch nicht dein Fall. Es sind nur Möglichkeiten, welche dir bekannt sind und durch welche du dich manchmal verwirren lässt.

Was ist also dein Fall? Was ist deine Wahrheit – unabhängig von der Zeit und dem Raum?

Dass ich die Wahrheit nicht dort und auch nicht hier fand, sondern, dass ich sie immer mit dabei hatte, ob ich dort oder hier war und dass ich mir nur dachte, dass es nicht wahr sein kann, dass es auch anders möglich sein müsste – das, was ich sah, was ich empfand und wahrnahm.

Und …? Das schließt sich doch gegenseitig nicht aus? Beides kann die Wahrheit sein.

Wenn ich richtig verstehe, bedeutet das, dass das, was ich wahrgenommen habe, ein Teil meiner Wahrheit war – also eine Realität auf einer Ebene. Mein Erkennen, mein Gefühl signalisierten mir, dass es auch anders geht, anderes gibt, existiert – also, dass das, was ich sehe, nur ein Teil der Wahrheit ist.

So in etwa kann man es in menschlicher Sprache ausdrücken.

Und warum musste ich für so eine Erkenntnis nach Österreich gehen und dort bleiben?

Musstest du nicht, aber du warst schon dort … und wenn die Wahrheit nicht hier oder dort war … wenn sie überall war … Warum also wieder wechseln, wieder von vorne beginnen und nicht dort weitermachen, wo du gerade warst? Warum zurückkehren? Warum Schritte zurück machen? Warum nicht einfach weitergehen und aus dem etwas machen, wo der Mensch gerade ist – mit dem, was der Mensch gerade „hat"?

Wärst du zurückgegangen, wäre die Wahrscheinlichkeit ziemlich groß, dass du dir durch verkehrte Logik erklärt hättest, dass du aufgegeben hast, dass du versagt hast, dass du dich vor etwas gedrückt hast usw. Darum ging es doch nicht. Und wenn du dich heute ansiehst, wo du heute bist ... Fühlst du dich wie in Österreich?

Nein, da hast du recht. Es ist interessant. Ich fühle mich wie bei mir, wie irgendwo, wo ich gerade bin – unabhängig davon, wo ich bin :)

Ist das nicht wunderbar? Ist das nicht die Unabhängigkeit, die Freiheit, über die du immer Bescheid gewusst hat, dass sie möglich ist?

Wenn du es sagst, dann klingt es, als wäre es tatsächlich so. **Ein Mensch ist sich zu wenig bewusst, was er schon bereits hat und was er schon bereits ist.**

Was glaubst du, warum hacke ich ständig auf der Gegenwart herum? Warum ist es wichtig, von überall zu sich und zum Augenblick, zum Jetzt, zurückzukehren?

Die Grenze

Mein lieber Coach, heute habe ich mit dir auf Slowakisch gesprochen bzw. geschrieben. Jetzt fühle ich mich aufgedreht. Es haut mich fast um, würde ich sagen. Auf meinem Kopf sitzt ein Brocken und will rein. Wahrscheinlich ein Informationspaket, das scheinbar nur durch den „slowakischen" Kanal durchkommen will. Ich kann es fast nicht glauben, dass es so wichtig ist, mit welcher Sprache man spricht bzw. sich beschäftigt. Ich dachte, dass es im Gehirn ein Sprachzentrum gibt. Jetzt schaut es so aus, dass mich im Slowakischen bestimmte Themen erreichen bzw. ich mir dieser bewusst werden kann, für die ich im Deutschen keinen Zugang habe. Ich weiß, wir sind im Slowakischen schon auf dieses Thema ein wenig eingegangen, aber irgendwie scheint es mir seltsam bzw. ich fühle mich hin- und hergerissen. Es ist wie ein neuer Zustand, eine reine Verwirrung. Ich weiß nicht, wo ich hinschauen, wo ich hinhören soll. Was kannst du mir bitte dazu sagen, wenn das überhaupt jetzt das Thema ist, das „drückt"?

Meine Liebe, jetzt im Moment ist sehr schwierig es zu erklären. Schon eben aufgrund deines oben beschriebenen, „aufgedrehten" Zustands. Ich würde sagen, wir schauen uns zuerst einmal an, warum du aufgedreht, aufgezogen bist.

Es ist im Moment eine Zusammenkunft von mehreren Faktoren. Du befindest dich mitten auf einer Kreuzung, wo die Informationen hin und her, einmal dort und dann wieder in die andere Richtung fließen.

Deine Sensoren bzw. „Antennen", die in der letzten Zeit eindeutige Signale bzw. Informationen von einer Wellenlänge empfangen haben, weil du gelernt hast, dich in dem Bereich zu orientieren und zu wissen, was deine ist, sind überlastet. Jetzt hat sich ein neues, scheinbar altes Fenster geöffnet, das noch unerforscht ist und wo du noch im „Dunkeln" tapst. Es ist an der Zeit (wieder einmal), sich zu verlangsamen bzw. stehen zu bleiben und sich umzuschauen, sich die Zeit zum Orientieren zu nehmen. Es läuft nichts weg, auch wenn es vielleicht so einen Eindruck macht.

Verständlich. Aber was ich nicht verstehe, ich jage ja im Slowakischen keinen unbekannten bzw. fremden Informationen nach. Ich bin dort, glaube ich, wo ich mich früher bewegte. Also, ich schaue mir meine alte Welt an, in der ich mich eigentlich auf Anhieb orientieren können müsste. Ist das nicht so?

Nein. Wie schon einmal erwähnt: **Du hast dich verändert und damit hat sich alles verändert, was mit dir zusammenhängt. Du siehst die Sachen heute anders, hast gelernt, anders zu schauen, anders zu hinterfragen und**

doch versuchst du jetzt, dorthin zu gehen und das Alte zu finden, dass es in der Form, wie du es kanntest, nicht mehr gibt. Solange du also auf der Suche bist, wirst du immer wieder in ein „Kreuzfeuer" verschiedener, befremdlicher Informationen treten. Warum? Dort, wo du gerade bist, hast du gelernt die Sache auf dich zukommen zu lassen. Du suchst nicht, du schaust nicht herum. Du lässt dich führen, du weißt, dass das, was du brauchst, zum optimalen Zeitpunkt auf dich zukommt und sich von selbst erkennbar macht.

Ja, nicht immer. Aber ich „bemühe" mich. Deswegen verstehe ich noch weniger, warum ich das im „slowakischen" Bereich nicht genauso tue. Ich bin doch ich, denke ich, ob dort oder dort. Mein Wissen, meine Erfahrungen sind doch unabhängig von einer Sprache, oder?

Ja und nein – wie sonst. Sie wären unabhängig, wären sie schon auf eine unabhängige Ebene transformiert. Aber du transformierst bzw. transportierst sie gerade runter, auf eine sozusagen alles andere als unabhängige Ebene. Und du weißt – die Geschichte mit der Bühne, Kulissen, Kostümen usw. Man kann es so sagen: Slowakei ist für dich eine andere Bühne, wo du dich in anderen Erfahrungen als in Österreich bzw. auf dieser Seite der Donau geübt hast. Andere Bühne, andere Kostüme, Kulissen, anderes Drehbuch. Und dieses, das haben wir bis jetzt nicht erwähnt, funktioniert teilweise auch geistig. **Sobald du geistig die gedankliche Grenze**

nach drüben überschreitest, überschreitest du genauso eine Grenze in deinem Verstand, deinem Verständnis, deiner Datenbank. Was glaubst du, warum die Menschen Grenzen erschaffen? Warum sie sich einkapseln, einzäunen, isolieren? Wie schon oft gesagt, geschieht alles zuerst im Geiste, dann materialisiert es sich. Also muss so eine Grenze zuerst im Verstand bzw. im Geiste existieren, sonst würden die Menschen nicht auf die Idee kommen, sie zu bauen.

Jetzt scheint die Situation verkehrt zu sein. Die Mauer scheint es im Physischen nicht mehr zu geben, aber geistig hat sie noch Spuren hinterlassen und diese gehören erkannt, geheilt und transformiert. Wie du weißt: Um das tun zu können, ist es notwendig, die Absicht dahinter zu erkennen, warum diese Grenze dort war, warum man sie früher erschaffen hatte. Sie hatte doch sicher plausible Gründe – nichts entsteht einfach nur so von nichts aus. **Und ob die Gründe Angst, Schutz, Allein-sein-wollen oder etwas anderes waren, spielt alleine für die Existenz der Grenze keine Rolle.** Wichtig wird es dann, wenn man erkannte, dass die Grenze eine Einschränkung darstellt oder einfach, dass man sie – vielleicht wieder aus irgendeiner anderen Vorstellung heraus – nicht mehr haben will. Und um sie wieder „deinstallieren" zu können, muss man möglicherweise wissen, warum man sie aufgebaut hatte, damit man die ursprünglichen Gründe neu bedenken und sich frei umentscheiden kann, ob man sie wirklich weg haben oder doch noch immer behalten will.

Nicht aus einer Laune heraus, sondern weil der ursprüngliche Grund veraltet, nicht mehr zeitgemäß, nicht mehr gültig ist.

Das ist interessant. Aber wie soll ich es zum Beispiel erreichen, den „Urgrund" – wenn er vielleicht gerade hinter der Grenze, hinter der Mauer liegt?

Das ist eine gute Frage, aber sie beantwortet, warum du jetzt gleichzeitig slowakisch schreibst, warum du lernst, dich neu zu orientieren usw. Ob der Grund dort liegt oder vielleicht gerade in der Grenze selbst oder im Niemandsland, davon lassen wir uns gerne überraschen. Wichtig ist, sich die Zeit zum Umschauen und Orientieren zu nehmen. Das ist für heute auch schon mal alles. Wir sehen, hören uns morgen – auf der anderen Seite.

Im Labyrinth

Gestern war ein interessanter Tag. Ich schrieb mit dir gleich zweimal. Einmal auf Slowakisch und dann auf Deutsch und es kam mir so vor, als würden wir in Deutsch einfach dort weitermachen, wo wir auf Deutsch aufgehört haben. Jetzt ist mir nicht ganz klar, wie das hier eigentlich funktionieren soll – wie die Form der Gespräche sein soll, weil es so aussieht, dass sich die Sitzungen in den zwei verschiedenen Sprachen ergänzen werden.

Warum sich schon jetzt den Kopf darüber zerbrechen, was dann sein wird? Dann wird es so sein, wie es sein wird und wie du weißt: in den meisten Fällen entwickelt es sich nach und nach automatisch. Was jetzt so ausschaut, als würden wir hin und her springen, kann zum Schluss ganz anders wirken und wenn es dir schon jetzt bekannt wäre, dann würde es den Lauf beeinflussen, weil du dich dann stärker auf die am Anfang festgelegte Form konzentrieren würdest. **Die zukünftige Form entsteht jedoch automatisch aus dem heraus, was sein wird und nicht umgekehrt.** Also, die Form, die wird jedenfalls optimal passen, wird gemeinsam mit dem Inhalt wachsen und sich optimieren.

Von der gestrigen deutschen Sitzung hallen folgende deiner

Worte in mir nach: "Wir sehen uns morgen auf der anderen Seite." Ich war neugierig, wie es sein wird und jetzt merke ich, dass es sich schon leichter auf Slowakisch schreibt als zuletzt. Es ist sogar mehr Ruhe in mir. Gestern kam es mir noch so vor, als ob ich jede Sekunde aus dem Körper fallen könnte.

Wie in der gestrigen deutschen Sitzung erwähnt: Du befindest dich auf einer Kreuzung, auf der es einen ständigen Verkehr gibt. Solange du in der Mitte bleiben willst, treffen dich beständig die Informationen – die der einen und auch die der anderen Seite. Also habe ich dich heute ein Stück aus der Mitte verschoben – aus deiner Sicht mehr nach links, mehr in die slowakische Richtung – und so erklärt es auch, warum dir das Schreiben heute leichter fällt.

Das ist zwar super nett, dass ich jetzt leichter schreiben kann, aber ich habe so den Eindruck, dass mir etwas fehlt – als würde ich zwar meine Datenbank, meine Fragen, meine Sichtweise haben ... aber ich kann sie nicht greifen bzw. mich gar nicht mehr erinnern, warum ich eigentlich diese Sitzung auf dieser Seite heute haben wollte. Aber! ... Ich komme mir wie ein Geist vor, ein Schatten mit Alzheimer, der nur warten kann bis ihn jemand erinnert, wohin er gehen und was er tun soll. Alles nur ein Trick? Wie ich dich kenne, sicher irgendeine Demonstration von etwas. Höchstwahrscheinlich gleich von dem, was ich hier mit so vielen Worten beschrieben habe. Ist das so?

Wie immer: auch ja und auch nein. Heute geht es um eine Exkursion in die Vergangenheit. Du hast dich dorthin verschoben, wo du einmal warst und das, was du empfindest, ist das, was du damals gefühlt hast – nur war es dir nicht bewusst, weil du keinen Vergleich hattest. Du warst zwar nicht zufrieden, du warst traurig und konntest mit dir selbst nichts anfangen und wusstest auch nicht, woran das lag. Jetzt hast du es dir angesehen und auch schön beschrieben. Ich hoffe, jetzt weißt du, woran es lag.

Wahrscheinlich, wie ich es beschrieben habe: dass ich mich wie ein Schatten fühlte, der unmündig und darauf angewiesen ist – bis ihm jemand sagt was er zu tun hat. Und ja, danke – erst jetzt habe ich es verstanden was du mir damit sagen wolltest. Also du meintest, ich wartete auf einen Impuls „von oben", was ich tun und wohin ich gehen sollte. Und so konnte ich mit mir nichts anfangen und war unglücklich und verstand nicht, weil ich in mir fühlte, dass mein Leben nicht so verloren sein sollte bzw. ich nicht verstand, warum ich auf einmal jemand bin, der sich verloren fühlt – als wäre ich irgendwo verloren gegangen. Ich weiß, ich weiß – jetzt hat es die Wolke oberhalb von meinem Kopf aufgerissen und plötzlich kommen lauter neue Sichtweisen schneller herunter als ich schreiben kann. Du willst mir also sagen, dass ich mich dadurch verloren fühlte, weil ich durch die verkehrte Logik zu einer Schlussfolgerung kam. Diese Logik flüsterte mir ein, dass ich jemand bin, der verlorengehen kann, also jemand der sich nicht orientieren kann, der keinen Weg finden und mit sich selbst nichts anfangen kann – ein Niemand. Und diese Vorstellung erschütterte im Grund und Boden mein Vertrauen in mich selbst und zu dem, was ich ursprünglich fühlte, wer ich bin. Auf einmal ergab nichts einen Sinn. Auf einmal war ich klein, eingeschüchtert, verlassen und ausgeliefert. Kommen von dort alle meine Komplexe und meine Minderwertigkeit?

Du hast stillgestanden und gewartet, während du vergessen hast, dass du stehst und wartest und du hast sogar vergessen, dass du vergessen hast. Und trotzdem gab es da dieses Gefühl; weil: **ein Gefühl kann man nicht vergessen**.

Jetzt kommen mir die Tränen, warum?

Weil der Teil von dir, der sich Vorwürfe machte, der sich selbst nicht mehr erkannte, der wurde sich plötzlich bewusst, dass alle Selbstvorwürfe keine Grundlage hatten und dass alles in Ordnung war wie es war und dass – gerade umgekehrt – dieser Teil, wie auch alle anderen, also du in deiner Ganzheit, nur ihren „Job" taten.

Und warum ist das zum Weinen?

Du funktionierst einfach so. So reagierst du, wenn es zu einer Erleichterung in dir kommt, wenn eine Last von dir abfällt. Es hilft dir, alles Unnötige auszuschwemmen. Und außerdem:

ein Teil ist bewegt und fühlt mit dem Kinderteil von damals mit, das sich damals quälte. Eigentlich kommen die damals so heldenhaft unterdrückten Tränen an die Oberfläche, weil dieses Kind glaubte wenn man steht und wartet und bewacht, dann heult man doch nicht.

Da kommen Bilder aus meiner Kindheit in mir hoch, wo ich zum Beispiel im neuen Kindergarten stand und schaute – nur schaute und nicht verstand, was da los war.

Das waren solche Kreuzungsmomente. Du bist da gestanden und beobachtet und versucht, dich zu orientieren und wolltest erraten bzw. du hast auf einen Impuls gewartet, in welche Richtung du dich bewegen sollst.

Ja, das kann ich nachempfinden, dass es so war. Aber ich kam zu dem Schluss, dass keine Impulse kamen. Irre ich mich?

Ja und nein – wie sonst? Ein Impuls oder eine Information kann auch in der Tatsache sein, dass kein neuer Impuls kommt. Es kann so etwas sein wie ein vereinbartes Signal, wie ein Verkehrszeichen, das die Hauptstraße/Vorrangstraße markiert. Solange du auf der Hauptstraße weiter fahren sollst, braucht es kein neues Zeichen. Kein Impuls, keine Information bedeutete, dass alles okay war. Und okay kann in manchen Momenten auch bedeuten, dass es egal ist ob du dich für die eine oder andere Richtung entscheidest. Du warst noch immer auf der Hauptstraße – als hätte es eine bestimmte Reserve, einen bestimmten Freiraum gegeben.

Das ist schön, aber das weiß ich erst jetzt! Nach mehr als vierzig Jahren!

Das ist nicht ganz korrekt. Jetzt weißt du es bewusst – vorher unbewusst. Kompliziert wurde es wegen etwas anderem. Wie ich schon sagte: du warst dabei, dich zu orientieren und erlebtest Momente, in denen du dich „alleine" entscheiden musstest, was dich interessiert und was du dir anschauen, was du erfahren möchtest. Das Problem lag darin, dass es nicht viel davon gab, was dich in dem Moment gefesselt hätte und so hast du daneben gestanden und dich gewundert, warum sich andere amüsieren können, was dir absolut uninteressant vorkam.

Also ...

... eigentlich hast du nur das getan, was deinem Wesen entsprach. Du hast beobachtet, studiert (auch wenn du erst 5 Jahre jung warst) und hast versucht daraus schlau zu werden, dir deine eigene Meinung und ein Gefühl zu bilden. Also ... warst du auf der Hauptstraße. Nach was für einem Impuls verlangte es noch?

Das ist spitze und vor allem, dass ich es erst jetzt weiß ... :D

So ist das Leben, meine Liebe. Was willst du? Andere Menschen kommen zu so einer Erkenntnis, dass alles in Ordnung ist, ihr Leben lang nicht.

Das ist aber traurig ...

Warum?

Weil diese Erkenntnis für mich erleichternd ist. Alles ergibt auf einmal einen Sinn, die weißen Stellen auf der Karte werden gefüllt mit dem, was dort fehlte. Es ist ein unglaubliches Gefühl, zu wissen, dass alles in Ordnung war und ist – unterwegs auf der Hauptstraße – wie du sagst.

Aber warum ist das traurig? Für wen? Für diejenigen, die es nicht zu erkennen brauchen? Für diejenigen, die noch an Nebenstraßen und Sackgassen glauben wollen? Das ist doch auch in Ordnung – auch für sie ist es die Hauptstraße – sie sind dort, wo sie sein wollen. Aus ihrer Sicht gibt es keinen Grund für Traurigkeit. Glaubst du, sie würden erkennen wollen, dass sie nicht die entsprechenden Impulse bekommen? Glaubst du, dass es einen anderen Grund als den eigenen menschlichen Willen gibt, in der Dunkelheit herumzutappen, zu glauben, dass dort etwas zu erledigen, zu beenden, aufzuräumen, zu erkennen und zu erleben sei? Das würde doch bedeuten, dass die innere Stimme, die göttliche Führung, nicht besonders große Macht hat und dass es möglich wäre, dass ihr etwas aus der Hand fällt, ein Schäfchen verloren geht. Aber wäre das Gott? Alles was ist? Der Allmächtige? Das wäre doch nur eine Karikatur, die alle menschlichen Befürchtungen bestätigen würde. Das würde bedeuten, dass deine Angst, dass du dich verlieren könntest, begründet wäre. Das würde bedeuten, dass die menschliche Idee der ewigen Verdammnis nicht eine Illusion, sondern eine Realität wäre. Ich bitte dich, dann würde diese Welt aber schon längst nicht so aussehen wie sie aussieht. Nichts würde mehr zusammenhalten, alles wäre im Zerfall, niemand würde zu sich selbst finden, alle wären verloren. Und das kann doch nicht sein! Soviel Logik muss auch das menschliche Gehirn haben!

Willst du damit sagen, dass diejenigen, die so wirken, als würden sie in der Dunkelheit irren, es nicht tun?

Nicht ganz. Du kennst doch das Labyrinth. Beim Eingang entscheidest du selbst, ob du eintrittst oder nicht; sprich: du selbst entscheidest dich, ob du irren willst. Warum sollte der Mensch sonst in einen Labyrinth gehen? Es gibt noch eine Möglichkeit, warum er hineingehen möchte: Damit er erfährt, dass er sich nicht verirren kann! Das Problem entsteht dann, wenn das Labyrinth sehr lang und gut durchdacht ist, wenn für eine Zeit die Fiktion real wird, wenn sich der Blick verengt und bis der Mensch schließlich vergisst, dass er im Labyrinth ist und dass er dort freiwillig hineingegangen war. Wenn er sich dann beginnt mitten im Labyrinth umzuschauen und zu orientieren, macht er eine Erfahrung des „sich verirrt zu haben". Gelingt es ihm, trotz einer Panik oder der Angst, sich auf zu besinnen, dann würde er in sich erfühlen können, dass etwas nicht stimmt, nicht so passt, wie ihm der in Panik versetzte Verstand einzureden versucht, der scheinbar keinen Ausgang/Ausweg finden kann. Und Menschen irren bis es ihnen gelingt sich zu beruhigen und sich zu besinnen. **Sie irren, weil sie überzeugt sind, dass sie irren.**

Bedeutet das, dass ich mich verloren fühlte, weil ich überzeugt war, dass ich verloren war?

Genau das.

Mit anderen Worten: Wenn ich dein Beispiel mit dem Labyrinth auf mich ummünze ... ich alleine entschloss mich, ins Labyrinth einzutreten. Es war das, was ich erfahren wollte – das Irren, das sich verlieren?

Auf manche Leute würde es zutreffen, aber in deinem konkreten Beispiel war es noch ein wenig anders.

Und das wäre ...?

Du bist dir bewusst geworden, dass du dich in irgendetwas bewegst, was für ein Labyrinth gehalten wurde und, dass es so etwas wie ein Spiel war. Irgendwo wusstest du, dass es nicht geht – sich zu verirren – und deswegen bist du hineingegangen. Warum du wirklich hineingegangen bist – das ist ein anderes Thema. Das Andere war: In der Zwischenzeit, in der du dich dort umgeschaut hast und deine Sicht dem Labyrinth (wie der Dunkelheit) angepasst hast, hast du gesehen, dass dort Menschen herumirren, die es eigentlich nicht sollten. Was hat dir die verkehrte Logik anschließend eingeflüstert? Du <u>wusstest (!)</u>, dass sich zu verlieren nicht geht und bist zu der Überzeugung gelangt, dass die ursprüngliche Information falsch war, dass du dich ge<u>irrt (!)</u> hast und dass eine Verirrung möglich ist. Ansonsten – gesehen aus deiner damaligen Warte – könnten doch nicht solche Massen von eingeschüchterten, panischen und verloren wirkenden Menschen herumlaufen und überall nach einem Ausgang, einer Lösung suchen. Und genau in diesem Moment hast du damit begonnen, dich davor logisch zu ängstigen[9], dass du dich auch verlierst oder verirrst.

Deswegen dieses Gefühl, dass ich Angst davor hatte, mich nach links oder rechts, nach vorne oder nach hinten zu bewegen? Weil dort, wo ich gerade stand ... dort kannte ich es, dort war ich bei mir. Aber vielleicht! ... ein Stück daneben ... schon wäre alles anders gewesen?

---

9 *Dieser Ausdruck: „sich logisch zu ängstigen" gefällt mir sehr gut, weil er zeigt, dass Angst auch nur aus dem Verstand, gar aus der Logik, aus logischer Schlussfolgerung (auch wenn es eine kurzgeschlossene Schlussfolgerung – sprich: ein Kurzschluss ist) daraus entstehen kann.*

Genau das war dein Gefühl. Kehren wir zum Thema von gestern zurück. Schließlich schreiben wir doch nicht, ohne dass es Kopf und Fuß hätte ... :) Kannst du dir vorstellen, warum du nach Österreich gegangen bist?

Ich würde jetzt lügen, wenn ich behaupten würde, ich weiß es nicht. So, wie du es mir in der Zwischenzeit zugespielt hast ... aber schreiben wir es bitte auf.

Es ist ganz einfach und logisch. Was ist mit einem Menschen zu machen, der zu glauben beginnt, dass er sich nicht verlieren kann? Man muss ihn in eine Situation (ver)führen, die glaubhaft „verloren" wirkt und ihm die Chance geben, dass er sich suggeriert, sich darin zu verlieren, damit er sich mit der Zeit merkt und sich daran erinnert, dass er sich trotz solch „perfekter" Umstände nicht verloren hat. Fremde Umgebung, fremde Sprache(n), fremde Mentalität, ohne Arbeit, ohne Dach über dem Kopf, ohne Ausweg ... Weißt du, warum du so viele, scheinbar ausweglose Situationen erlebt hast? Klar, jetzt ist es dir klar. Warum waren es so viele? Weil das menschliche Denksystem spekulativ ist und spekuliert. Wenn es „menschlich" von irgendetwas überzeugt ist, reicht ihm nicht nur ein Beweis! Sobald er diesen Beweis bekommt, zweifelt die verkehrte Logik diesen an. Sie flüstert zu: „Ja, diesmal hattest du Glück, aber das war diesmal! Nächstes Mal muss es nicht mehr gut ausgehen!" oder „Das war ja leicht! Kein Wunder, dass ich mich nicht verloren habe. Dieses Labyrinth war doch Kinderkram." und ähnlich. Wie sonst? In so einem Fall ist der Mensch noch nicht erwacht, er sieht nicht, er fühlt nicht oder will das eigene Gefühl nicht wahrnehmen. Und so provoziert er immer schwierigere Situationen, damit er immer aufs Neue erfahren darf, dass es letztendlich wieder nicht so schrecklich war, dass es wieder nur ein Spiel war – wenn auch mit höherer Schwierigkeitsstufe usw.

Na, das ist aber ein ganz schönes Irrenhaus :) Bedeutet das, dass ich mir alle Hindernisse, die mich in die Knie zwangen, selbst aufgetischt habe? Ich selbst legte mir die Steine in den Weg?

Schon wieder: ja und nein. Selbstverständlich existieren Spezialisten, die das genauso tun. Wie ich schon sagte: Was dich dazu führte, so ein Spiel wie „ein Stein hier, ein großer Brocken dort und einen Fels direkt vor die Nase" zu spielen, ist nicht das heutige Thema.

Und bin ich jetzt gerettet? Erlöst? Oder bereite ich mir weitere kleine, größere Überraschungen vor?

Was sagt dir dein Gefühl?

Unsicherheit ...

... das ist nicht das Gefühl, um das es geht, also ...

Wahrscheinlich doch die Steine und Berge von Felsen ... wenn ich noch immer nicht begreifen oder mich nicht erinnern will, mich in die Tatsache nicht einfühlen kann.

Willst du nicht?

Ich glaube, dass ich will ... aber diese Unsicherheit ist hier, die Logik sagt mir, dass ...

Welche Logik?

Wenn du mich so fragst, dann wahrscheinlich die verkehrte Logik ... sonst würdest du mich nicht unterbrechen.

Richtig, also noch einmal ...

Unsicherheit ist nicht das Gefühl, um das es geht, auf das ich mich besinnen soll. **Es geht um das Gefühl, wo es keine Zweifel gibt, wo alles klar ist. Es geht darum, sich von der Unsicherheit zur Sicherheit zu verschieben** *– so irgendwie?*

Nicht so irgendwie, aber so sicher. Was kommt dabei heraus?

Jetzt bin ich ganz verwirrt. Was war eigentlich die Frage?

Jetzt empfindest du Unsicherheit, obwohl du dich auf die sichere „Seite" verschieben, an sie erinnern möchtest ...

und ich deutete an, dass es die verkehrte Logik ist. Daraus könnte man also schließen, dass eine logische Möglichkeit existiert und, dass du dich nicht erinnern, einfühlen möchtest. Es gibt auch noch andere Möglichkeiten; zum Beispiel, dass die Zeit noch nicht gekommen ist oder dass du bewusst die Erfahrung der Unsicherheit machst. Aber das kann ich dir sagen: das ist bei dir heute nicht so. Also bleibt nur eines – die Zeit ist noch nicht gekommen. Und du weißt darüber Bescheid, dass die Unsicherheit trügerisch ist und dass sie eigentlich nicht existiert. Dass dieses Gefühl manchmal in dir auftaucht, damit kannst du eigentlich ganz gut umgehen. Also sind wir wieder auf der Hauptstraße nicht wahr?

Wenn du es sagst ...

Alles klar für heute? Labyrinth? Das sich zu verlieren und sich wieder finden? Slowakei und Österreich?

Es tut mir leid ... es ist mir peinlich, es zu sagen, aber ... ich bin mir nicht sicher ...

Ich will dich heute nicht mehr quälen, also fasse ich diesmal zusammen:

1. Slowakei – du stehst, wartest, schaust und beginnst, dich zu ängstigen, dass du dich verlieren könntest. Du scheinst fast unfähig zu sein, einen Schritt zu machen.

2. Österreich – du gehst, erlebst, wie du dich verirrst, wie du dich in ausweglosen Situationen findest und aus ihnen herauskommst. Du bist draußen und läufst.

Ist das nicht großartig?

Endlich hast du deinen „großartigen" Satz gesagt. Ich dachte, auf diesem linken Ufer müsste ich schon ohne ihn auskommen. Danke für diese Großartigkeit!

Der Abgrund

Guten Morgen wieder mal. Heute fühle ich mich, als hätte ich die ganze Nacht auf einem Feld gearbeitet, d.h. als hätte ich eine schwere manuelle Arbeit hinter mir. Wer hätte gedacht, dass das Schreiben auf Slowakisch so anstrengend sein kann. Irgendetwas ist seltsam. Eigentlich fühle ich mich nicht schlecht. Irgendein Druck, Treiben, das fast ein Teil von mir war, scheint entfallen zu sein – zumindest jetzt, im Moment. Und ich fühle mich ziemlich ruhig, friedlich; aber nicht ganz „dicht" bzw. „hell" im Kopf. Eher, als wäre ich irgendwo eingetaucht, wo das Denken, das Geistige nicht so eine Rolle spielen. Trotzdem überraschen mich die Intensität der Nacht und der Träume sowie mein Körper. Ich habe so was von einem Muskelkater – an den unmöglichsten Stellen: Nacken, Rücken ... und der Unterbauch fühlt sich an, als hätte ich untrainiert plötzlich hundert Sit-Ups gemacht. Meine Mundwinkel sind aufgerissen, mein Zahnfleisch und die Zunge tun weh bzw. brennen. Also wirklich, ich glaube, das würde mir kaum jemand glauben, dass man sich vom Sitzen vor dem Bildschirm solche Beschwerden holen kann. Aber du kannst sicher etwas Interessantes dazu zu sagen, bitte ...

Guten Morgen, meine Liebe. Ich sagte doch, du sollst dich verlangsamen. Also deswegen das langsamere Schreiben und der sanftere Druck. Was das Verschieben aus der Mitte, aus der Kreuzung angeht, hat es selbstverständlich Vorteile und Nachteile. Gestern sagte ich dir, dass ich dich mehr in die slowakische Seite verschiebe, um dich aus dem Kreuzfeuer der zu vielen verschiedenen Informationen herauszuheben. Wozu auf der deutschen Seite haften bleiben, wenn man sich hauptsächlich auf der slowakischen etwas anschauen will? Aber was passierte währenddessen? Es eröffnete sich dir ein ungewöhnlicher Blickwinkel, aus dem du nicht gewohnt warst, zu schauen und wahrzunehmen. Deine Augen und alles andere mussten sich anders schärfen, sich anders fokussieren. Man kann es vielleicht besser verstehen, wenn ich es so sage: Du hast fast zwanzig Jahre lang über die linke Schulter geschaut und jetzt haben wir es umgedreht. Deinen Blick haben wir über die rechte Schulter verschoben, obwohl es dir so vorkam, als wärest du auf die linke Seite verschoben worden. Aber das ist logisch. Wenn der Nacken aufgrund der jahrelangen gleichen Verrenkung versteift ist, ist es sehr schmerzvoll und der verkürzten Muskulatur fast unmöglich, dass man im Nu einfach ganz locker in die andere Richtung, „über die andere Schulter", schaut. Weil der Nacken nicht so einfach mitspielte, war eine großflächigere Verschiebung notwendig, um den (Über)Blick über die „rechte Schulter" zu ermöglichen. Eben aus einer gewissen Entfernung. Man kann es sich so vorstellen: Der Körper blieb an gleicher Stelle, aber ein gewisser energetischer Teil, das Bewusstsein bzw. der Blick oder du, wurde ein wenig aus dem Körper herausgefahren (wie ein Teleskop), um so die andere Seite sehen zu können.

Selbstverständlich sind die Schultern und der Nacken, das Links und Rechts, jetzt nur Symbole, um es sich besser vorstellen zu können. So ganz einfach ist die Verschiebung der Wahrnehmung und der Energie doch nicht. Aber zur Beschreibung reicht es diesmal. Schon deshalb kann man nachvollziehen, wie anstrengend so ein Vorgang sein kann und, dass der Körper bzw. der Mensch verschiedene Reaktionen darauf zeigen kann.

Ihr macht mit mir Sachen! Kein Wunder, dass ich mich fühlte, als würde ich jeden Moment aus dem Körper fallen! Die Konzentration währenddessen zu halten und zu schreiben ... überhaupt, den Körper noch zum Schreiben zu benutzen und das Denken und das Verstehen noch aktiv zu halten und dabei nicht in Panik zu geraten, das ist mir wirklich nicht leicht gefallen. Ich meine, ich fühlte mich irgendwie vom Körper getrennt. Das ganze Geschehen, mein Körper, ich – alles kam mir so unwirklich, echt illusorisch vor. Ich sah meinen eigenen Fingern entfremdet zu, wie sie über die Tastatur gleiten, als würde sie jemand anderer benutzen, weil ich plötzlich nicht diese identifizierte, eindeutige Beziehung zu ihnen hatte.

Ja, das ist korrekt. Verzeihe mir, wenn wir hier solche Demonstrationen vorführen. Ich weiß, wir haben es mit dir schon mehrmals gemacht bzw. haben es mit dir geübt. Also war klar, dass du dich nicht mehr so sehr erschreckst. Das Neue war, dass du wegen so einer Verschiebung auch tätig sein müsstest. Denn bis jetzt, wenn so etwas anstand, hast du dich bzw. deinen Körper sicherheitshalber ins Bett gelegt, um zu beobachten und am „Trockentraining" teilzunehmen. So konntest du dich in gewisser Weise besser einlassen, weil der Stress, dass der Körper auf einmal leblos umkippt und sich verletzt, abgefallen war. Gestern war es ein richtiger „Feldversuch", in Aktion sein, mit der nächsten Schwierigkeitsstufe, weil du alleine zu Hause warst und nicht auf den Beistand deines Partners zählen konntest. **Da wir bereits genug geübt hatten, war es an der Zeit, dass du im Vertrauen die Sicherheit in dir selbst und im Geschehen findest. Und nur, weil keiner zu sehen war, bedeutete es nicht, wie du weißt, dass du alleine warst.** Im Nachhinein siehst du, dass du es bravourös gemeistert hast. Es war dir zwar nicht ganz wohl bei der Sache, aber die frühere Panik hat sich nicht eingestellt und du hast dich von dem, was du gerade getan hast, nicht ablenken lassen. Also: 1A!

Man wartet ja eine Zeit lang auf die optimale Situation, auf das optimale Zusammenspiel der Umstände und der Gegebenheiten ... kein Wunder, dass dann mehrere Sachen, Wirkungen auf einmal passieren. Sonst wäre es ja ganz leicht, nicht? Erst gestern, im Slowakischen, haben wir darüber geschrieben, dass ein Mensch **alles, was zu leicht**

ist, nicht schätzt, dass er es dann als Kindergartenkram abtut und für sich selbst nicht als einen eindeutigen Beweis seines Könnens nehmen kann. Das kannst du doch auch selbst spüren. Gestern – mittendrin – kam es dir doch nicht besonders leicht vor. Es war dir nicht alles egal (!) – wie ihr es nennt. Aber heute, **heute kommt dir das Gestern nicht mehr besonders schwierig vor, weil du es „überlebt" hast.** Der menschliche Verstand, trainiert durch die verkehrte Logik, fragt sich später verblüfft: „Und? Das war schon alles?" und will es nicht glauben. **Der Mensch muss schwitzen, der Mensch muss sich in Schmerzen winden, der Mensch muss sich am Abgrund sehen, im freien Fall dem Tod und dem Vergänglichen in die Augen schauen und dann, ... dann schafft er das Unmögliche. Er rettet sich da raus und kann über die eigene Leistung staunen und sich freuen, dass er es endlich schaffte über den eigenen Schatten zu springen. Und am besten, es wiederholt sich ein paar Mal, damit er die Gewissheit bekommt, dass es kein Zufall war und er dadurch in seinen Fähigkeiten bestätigt wird.** Ihr Menschen macht es uns nicht immer leicht, euch zu coachen, zu begleiten, zu führen oder was auch immer – das könnt ihr mir glauben. Aber so ist halt ein Mensch – fast ohne Ausnahme. Der Unterschied ist nur, dass für jeden ein Abgrund etwas anderes bedeutet, eine andere Tiefe. Für den einen kann es der Rand eines Suppentellers sein, der ihm schon mit der Gefahr des Ertrinkens entgegenwinkt und für den anderen muss es die tiefste Schlucht sein, die man auf der Erde finden kann.

Der Abgrund

Wir sind als Menschen wirklich ein wenig bescheuert, nicht?

Ich weiß es nicht. Ich glaube, ich würde mir nicht viele Freunde machen, würde ich es dir jetzt bejahen. Auch wenn ich manchmal ein strenger und unmissverständlicher Coach bin, gelte ich doch als Menschenfreund und Menschenversteher – oder nicht? :)

Aber ohne Scherz.
Warum der Mensch so ist, wie er ist, das ist wieder nicht das Thema von diesen Gesprächen. Wir gehen nur dem nach, wie etwas funktioniert, was weswegen wie wirkt und was man daraus lernen kann. Wir sprechen hier nicht um die „Bescheuertheit" des Menschen aufzuzeigen, sondern damit so Manchem klar wird, warum Menschen oft in für sie so unglaublich schwierige Situationen schlittern. Ich meine, **es ist immer die eigene Entscheidung, wie weit und welche Schwierigkeitsstufe er braucht, um endlich zu sehen, zu verstehen, zu glauben.**

Wäre es so leicht, sich einfach vom Verstand her zu entscheiden, gäbe es schon längst einen paradiesischen Frieden hier auf der Erde. Klar schreien viele Leute bei dem oben Beschriebenen: „ … ich habe es verstanden!", „ … ich will es nicht mehr!", „ … ich vertraue mir …", „ … ich habe genug gelernt … ", „ … jetzt brauche ich so etwas Schwieriges nicht mehr … ", aber …! Gäbe es nicht dieses berühmte „Aber!"…

Eine Sache ist das, was der Mensch an der Oberfläche zu wollen scheint und etwas anderes ist, was er in seiner Tiefe bereit ist, zu glauben.

Zweifel sind tief in euch verankert und verwurzelt. **Ein Persönlichkeitsaspekt kann heute glauben, dass er bereits genug gelernt hat, dass er alles, was notwendig war, überblickt und durchschaut hat, aber morgen ... morgen sieht wieder alles anders aus. Aufgrund der heutigen, der augenblicklichen Erkenntnis, befreien sich einige Blockaden, die Grenzen verschieben sich und offenbaren das, was hinter ihnen versteckt war; das, was man nicht sehen wollte, mit dem man sich einst nicht helfen konnte. Heute noch sicher und überzeugt, wacht man in der Früh oder sogar noch mitten in der Nacht mit unzähligen neuen/alten Zweifeln, Unsicherheiten, Infragestellungen, Ängsten und Sorgen auf.** Ja – so ist der Mensch. Auf so eine eigentümliche Art und Weise funktioniert das menschliche System eine gewisse Zeit.

Das ist aber nicht schön.

Warum sollte es schön sein? Und warum ist es nicht schön? Zu sagen, es ist nicht schön, heißt, durch die verkehrte Logik gesehen: es ist hässlich, schlecht, böse ... Es ist doch aber einfach nur so, wie es ist! Und jeder von uns/euch hat seinen Grund, warum er hier ist. **Es wäre eine Minderwertung**

des Selbstes bzw. eine Misstrauenserklärung sich selbst gegenüber, wenn man sagen würde: Das ist hier nicht schön, aber ich bin trotzdem hier. Ich mühe mich ab, es auszuhalten. Man kann allem eine gewisse Schönheit abgewinnen. Dazu braucht man nur die geprägten, anerzogenen Vorstellungen was Schönheit, was das Schöne ist, abzulegen. **Das Schöne muss nicht immer das Greifbare und das Sichtbare sein. Das Schöne kann auch das sein, was gerade geschehen ist; das, was in einem abgelaufen, das, was in einem passiert ist oder das, was einem aufgrund von zusammengeführten, sogenannten „unschönen" Situationen, zugestoßen ist. Ist das nicht großartig?!, dass es hier auf der Erde die Möglichkeit gibt, durch das scheinbar Unschöne das Schöne, das Herrliche, das Wunderbare, das EINE zu erfahren?**

Ich wünsche einen wundervollen Tag!

Aber ich hatte doch noch einige Fragen ...

Haben sich diese inzwischen nicht beantworten? Ist es nicht großartig, dass du sie nicht mehr stellen musst? Wie gesagt, ich wünsche einen wundervollen Tag!

Danke!

Die Mitte

Am rechten Ufer erwähnten wir, dass du mich gestern nicht nur in die slowakische Richtung verschoben hattest, sondern, dass sich dadurch mein Blickwinkel änderte – so, als hätte ich bis jetzt auf die Welt nur über eine Schulter geschaut. So halfst du mir die andere Welt zu erblicken und dazu habe ich gleich einige Fragen: Warum schaute ich bis jetzt nur über die eine Schulter, wenn ich mich bereist mehrere Jahre um meine Mitte „bemühe"? Warum das Schauen über die andere Schulter, warum nicht gleich aus der Mitte? und ... Wie siehst du die Mitte, weil es mir so vorkommt, als ob meine Mitte irgendwo zwischen dem Deutschen und dem Slowakischen sein müsste. Das ist aber unlogisch; weil, wie wäre es dann gewesen, wenn ich die Slowakei nie verlassen hätte und nur auf der einen Seite der Grenze geblieben wäre? Ich wäre doch ständig „ <u>verrückt</u>" gewesen! :) Oder habe ich durch diese Zwei-Welten-Erfahrung so etwas wie zwei Mitten – eine, die slowakische und eine andere, die Deutsche bzw. Österreichische?

Das sind keine Unklarheiten. Das sind Erfindungen, mit deren Hilfe der Verstand versucht, sich eine Vorstellung oder ein Bild darüber zu machen, <u>um was es gehen könnte, wenn es nicht so wäre, wie es ist.</u> **Warum dort schauen, wie es wäre – was aber nicht ist?** Als würden wir nicht genug Arbeit

mit dem haben, was schon da ist. Nur die verkehrte Logik kann sich so etwas <u>Verrücktes</u> ausdenken. **Die normale Logik führt uns dahin, sich zu fragen, warum und was ist dran bzw. dahinter, dass es ausgerechnet so! ist wie es ist. Durch solche Fragestellung kehrt der fragende Teil aus einer gedachten! möglichen Vergangenheit, die nicht einmal eingetreten war, in die aktuelle Gegenwart zurück. In eine Gegenwart, in der wir keine Schwierigkeit bzw. Notwendigkeit haben, uns etwas vorzustellen, weil wir alles direkt vor der Nase haben, weil alles gegenwärtig ist.**

Danke für diese Lektion ... gleich am Anfang eine schöne Retourkutsche :)

Ich bedanke mich, weil du uns wunderbar hilfst die Fallen der verkehrten Logik aufzuzeigen.

Wie könnten sich die Menschen von einer anderen Seite etwas ansehen, wenn es keine Grenzen geben würde? Eine Grenze ermöglicht, sich aus dem Altbekannten, Eingefahrenen dahinter, hinter die Grenze, zu verschieben. Zum anderen Ufer, hinter den Berg, hinter ein Haus, über einen Fluss, hinter einen Zaun. Langsam wird klar, dass eine Grenze nicht nur eine offizielle, eine politische sein muss, sondern, dass sie etwas <u>Gedachtes</u> sein kann, das einen bestimmten Raum markiert, einschränkt bzw. teilt. Sie kann gedacht, unsichtbar, nur in der Vorstellung eines Menschen beheimatet sein. **Und sie existiert auch dann, wenn sich der Mensch über die in ihm gedachte Grenze nicht bewusst ist.** So eine Grenze, wie auch alles andere, stellt symbolisch die Einschränkung, Begrenzung im eigenen Kopf dar, die Begrenzung in sich selbst.

Bis jetzt ist es ganz klar. Aber existiert auch so etwas wie ein „Bereich ohne Grenzen"[10]?

Wie immer mein berühmtes: ja und nein. Der slowakische Ausdruck ist verleitend. Er suggeriert, dass in irgendeinem Bereich keine Grenzen sind. Aber wenn es sie dort nicht geben würde, warum würde man dann überhaupt über ein Bereich/Gebiet ohne Grenzen sprechen? Die menschliche Vorstellungskraft funktioniert leider nicht anders, als dass sie sich in so einem Fall zuerst eine Grenze vorstellt, die sie dann aus dem Gebiet entfernen, ausradieren muss, damit (visuell) ein Gebiet ohne Grenzen entstehen kann. Im Geiste wird also zuerst ein Gebiet mit Grenzen manifestiert, um sie anschließend zu entfernen. Es ist ein sehr uneffektiver und langwieriger Denkvorgang, weil man sich durch Umwege dorthin durchzuarbeiten, wohin man eigentlich gleich wollte und **durch so ein Denken zuerst! das erschafft, was man gar nicht will.** Das ist wirklich, aber wirklich, sehr unlogisch.

---

10 *Ein wörtlich übersetzter slowakischer Ausdruck, der ins Deutsche als Niemandsland übersetzt wird. Oft gibt es diesen Bereich zwischen zwei politischen Grenzgebieten, also zwischen zwei Ländern.*

Warum zuerst das erschaffen, was man nicht will? Glaubt ihr, ich spreche nur so dahin? Schaut euch eure Leben an! **Lebt ihr vor allem in dem was ihr wollt oder in dem, was ihr nicht so gerne habt?** Wie ihr seht, seid ihr auf gutem Weg durch das, was ihr nicht wollt, dorthin zu kommen, wohin ihr wollt. Da staunt man – nicht?

Die Ängste vor etwas, bzw. das Nichthabenwollen von etwas manifestieren dasselbige, wodurch man sich dem was man fürchtet stellen kann und es schätzen, annehmen lernen kann um dann ohne Furcht und Besorgnis im Nacken weitergehen zu können.

Mit dem deutschen Ausdruck „Niemandsland", also dem Land von Niemandem, ist es nicht anders. Hier gibt es auch die Verdrehung. Damit man sich vorstellen kann, wer „Niemand" ist, muss man sich zuerst Jemanden oder Mehrere in einen gedanklichen Raum stellen, um sie dann aus diesem Raum wieder zu entfernen. So erschafft man im ersten Schritt einen Raum, der mit Jemand gefüllt ist bzw. jemandem gehört, um ihn im nächsten Schritt aus dem Geschehen herauszunehmen, damit der Raum ohne diesen Jemand – also mit Niemand(em) bleibt. Ein pures, stressiges Chaos.

Eine Katastrophe – alleine deswegen, wenn es so stimmen sollte, wie viele behaupten, dass wir durch unsere Gedanken die eigene Welt erschaffen, kreieren und manifestieren sollten. Kein Wunder, dass sich kaum jemand in seiner Welt wirklich auskennt!

Aber zurück zur Grenze und zur Mitte.

Wenn auf dieser Welt das Niemandsland und das Gebiet ohne Grenzen wirklich existieren würden, wozu wären dann die Grenzen notwendig? Warum würden sich die Menschen die Mühe machen, ihre gedachten Räume zu markieren und einzuzäunen? Wie kämen sie auf die Idee, etwas eigen zu nennen, es besitzen zu wollen, wenn der Gedanke der „Einschränkung" der Grenze nicht existieren würde? Ob wir es wollen oder nicht, ob es uns gefällt oder nicht, diese Welt ist eine Welt der Grenzen, Begrenzungen und Einschränkungen. Schon alleine, das was wir im ersten Kapitel erwähnten, dass es verschiedene Sprachen, verschiedene Bühnen, Fakultäten, Klassen usw. gibt, deutet auf die Trennung, die Teilung, das Denken in Kategorien und in Schubladen hin. **Diese heutige Welt ist nicht die Welt der Vielfalt, sondern der Verschiedenheit – was ein großer Unterschied ist. Die Vielfalt ist nicht voneinander getrennt – die Verschiedenheit aber schon. Die Vielfalt ist wie eine Farbenpracht, die ein Bild ergibt. Die Verschiedenheit dagegen erzeugt andersartige Einzelteile, die voneinander getrennt sind, Grenzen schafft und Vergleiche ermöglicht – so ist die menschliche Logik.**

Die Mitte

Wie findet man eine Mitte in der Welt der Verschiedenheiten? Wie findet man eine Mitte – dort, wo das eine und auch das andere eine Illusion ist? **Was ist überhaupt so eine Mitte?**

Das, was verbindet oder das, was trennt?

Die Mitte scheint auch so etwas wie eine menschliche Erfindung zu sein. **Sie symbolisiert das Streben nach Harmonie, Ausgeglichenheit, Gerechtigkeit und Gleichberechtigung.** Die Mitte scheint jedoch etwas in zwei Bereiche teilen zu wollen. **Wenn etwas so ist, wie es gerade ist – wo sollte es eine Mitte haben? Das menschliche Verständnis von einer Mitte würde auch andeuten, dass etwas mehr und etwas weniger von der Mitte entfernt sein könnte** (wie zum Beispiel die Planeten von der Sonne) **und dann gäbe es wieder diese Verschiedenheiten, Unterschiede und Trennungen. Die Mitte ist ein Symbol der menschlichen Sehnsucht nach Harmonie und ein Versuch nicht zu trennen, sich anzunähern, zu verbinden, etwas einen gemeinsamen Nenner zu geben.**

Aber uns wurde gelehrt so „zentral" zu denken. Alles dreht sich in unserer Welt um eine Mitte: die Erde und andere Planeten um die Sonne, unser Sonnensystem wieder um die Mitte der Galaxie. Sogar der unendliche Kosmos hat einen Kern, eine Mitte, aus der alles entstand, aus der sich alles ausdehnt, expandiert. Ohne zentrales Denken schaut es bei uns ziemlich arm aus. Kein Universum, keine Planeten, Erdeanziehungskraft, kein Leben auf der Erde ...

Ja, ich kann mir vorstellen, wie es für die menschliche Logik aussieht. **Aber was, wenn wir annehmen, dass die Mitte nicht etwas wie ein kleiner Punkt, sondern alles ist? Wenn sich alles nicht um einen zentralen Minipunkt, sondern um alles dreht?**

Es ist schwer, sich so etwas vorzustellen ...

Wir wissen doch, dass alles mit allem zusammenhängt. Ob es um die Mitte oder um die Grenze oder um etwas anderes geht. Im Endeffekt hängt alles mit allem zusammen und beeinflusst sich untereinander. Das ist ein Fakt, um den es uns heute geht. Wenn wir uns einen Raum nehmen, der durch eine Grenze in zwei Bereiche geteilt ist, können wir uns trotzdem vorstellen, dass diese zwei getrennten Bereiche miteinander etwas zu tun haben. Eine Seite mit der anderen, ein Land mit dem anderen Land – und ... schwups sind wir wieder bei unserem slowakisch-österreichischen Thema. Ob es die Politiker so wollten oder nicht, ob es ihnen passt(e) oder nicht: beide Seiten haben sich seit jeher beeinflusst und tun es auch weiter. Ein Mensch bekommt nicht von ungefähr einen Impuls, auf die andere Seite zu schauen, zu gehen – wenn es dort keine andere Seite wäre. Die andere Seite muss auf diesen Menschen irgendwie einwirken, ihn beeinflussen, ihn ansprechen, sonst bekommt er nicht die Idee, sich mit ihr zu beschäftigen. Und umso näher zu dieser Grenze er sich befindet, umso sichtbarer, umso fühlbarer ist der Einfluss der anderen Seite auf ihn und umso größer die Möglichkeit für ihn, sich bewusst zu werden, dass es noch etwas anderes außer dem Bekannten gibt, das auf ihn einwirkt, ihn beeinflusst.[11]

Bratislava, die Stadt, wo du geboren wurdest und wo du einige Zeit gelebt hast, liegt in der Nähe einer Grenze bzw. sie liegt direkt an einer Grenze, die nicht nur gedacht, sondern physisch manifestiert und offensichtlich ist und früher durch die politischen Einrichtungen, wie Stacheldraht, Grenzposten, spezielle Genehmigungen für den Grenzübertritt noch sichtbarer gemacht wurde. So war es für die Preßburger[12] schwer, die Grenze zu übersehen. Mit den Wienern gestaltet sich das schon anders. Die Grenze hatten sie nicht direkt vor der Nase und so kam ihnen nicht die Idee, sich damit zu beschäftigen, wie die andere Seite auf sie einwirkt, einwirken könnte, und wieviel es mit ihnen zu tun hat – die Slowakei oder auch Ungarn.

---

11 Dieses Thema wird im Buch „Erwachen im MenschSein – Das Experiment" bildhaft und in Form eines Romans dargestellt. Der Hauptprotagonist des Buches lebt in der Isolation von etwas, was trotz jeglicher technischer Isolierung weiterhin, wenn auch im Unbewussten, auf ihn einwirkt.

12 Ein deutscher Begriff für die Bürger von Bratislava, weil in der Zeit der Monarchie Bratislava auch Preßburg genannt wurde.

So kannst du dir einen weiteren Grund vorstellen, warum es vorprogrammiert war, dass du auf die andere Seite „müsstest", wenn es deine Aufgabe ist, die gegenseitig sich beeinflussenden Faktoren, Wechselwirkungen und Zusammenhänge zu entdecken und zu erforschen. Es ging eigentlich darum, deine Welt auch aus der anderen Perspektive zu sehen und zu erkennen. **Grenzen trennen zwar, aber nur so als ob. In Wirklichkeit können sie den Einfluss und den Fluss der Energie nicht behindern.**

Zum Schluss noch ein anschauliches Beispiel:
Wenn du die Mitte deines Universums bist (wie sollte es anders sein) und wenn wir es uns räumlich vorstellen ... also, wenn deine Welt eine Fläche von – sagen wir mal – hundert Kilometern im Durchmesser hat (was selbstverständlich Blödsinn ist, aber wir wollen damit etwas aufzeigen) und du befindest dich in Bratislava, dann ist nur logisch, dass in dein Universum auch ein Teil von Österreich wie auch Ungarn und Mähren gehört. Wenn du dich also einst von Bratislava nach Wien verschoben hast, dann hast du dich nur innerhalb deiner eigenen Welt verschoben, von einer Seite auf die andere und die Grenze – die Grenze – war/ist für dich ein unbewusstes Symbol dessen, wo du dich trautest die Grenze des dir bewussten und bekannten zu überschreiten. Es zog dich dorthin, wo du im Unbewussten wusstest, dass es auch ein Teil von deiner Welt war. Und weil es dein Fach ist, sich mit dem Bewusstsein, dem Sich-bewusst-werden zu

beschäftigen, so ist nur logisch, dass du dorthin gingst, was deine noch unbewusste Seite darstellte. Nichts mehr und nichts weniger.

Für heute werden wir uns verabschieden, weil es ein anspruchsvolles Thema war, das jetzt ein wenig innerer Nacharbeitung bedarf. Mach dir keinen Kopf, wenn du glaubst, dass du nicht alles so erfasst hast, wie es wirklich ist. Für das, was wir heute brauchten, reichte es. Alles andere wird kommen bzw. sich weiterentwickeln. Heute ging es um nichts anderes, als dieses „Grenzthema" anzusprechen und ein wenig zu durchleuchten.

Ich wünsche noch einen schönen Tag.

(Er)Warten

Guten Morgen auch heute! In der Nacht gab es einen großen Sturm und Gewitter und ich träumte eine Menge „slowakische" Träume wie in „alten" Zeiten. Also Träume, die ich schon längere Zeit nicht hatte. Im Grunde immer dasselbe. Bekannte Menschen, die sich in diesen Träumen immer gleich verhalten, nur in anderen Situationen. In der Zwischenzeit – während ich sie nicht hatte – hoffte ich, dass ich die Themen ausreichend transformierte und, dass solche Leute, denen gegenüber ich Erwartungen hatte sich auch veränderten. Und ... ich schätze, ich hatte sogar in den Träumen diese Erwartungen an sie. Als würde ich erwarten, dass der Mensch, für den ich scheinbar unsichtbar bin, mir eines Tages endlich Platz unter seinem Regenschirm anbietet, während ich im Regen stehe. Und ich will es (immer noch) nicht glauben, dass, ich für ihn, egal wie nass ich bin und obwohl er mit seinem Regenschirm gleich neben mir steht, vollkommen unsichtbar bin. Nun, es ist mir doch schon lange klar, dass die Menschen so sind, wie sie sind. Das ist nicht schön von mir. Ebenso ist mir klar, dass es nicht meine Aufgabe ist, Erwartungen an sie zu haben. Die Erwartung, dass sie auf einmal anders reagieren, dass sie sich ändern. Denn das würde bedeuten, dass ich sie nicht so nehme, wie sie sind; sprich, ich wäre in diesem Fall blind, weil ich statt ihnen lieber andere Menschen hätte. Die andere Sache, auf die ich heute nach diesen erneuten Träumen kam, ist, dass ich wegen des Durcheinanders im meinem Kopf, in noch ein anderes Muster falle: Ich versuche das Verhalten des anderen zu verstehen. Wenn ich schon von ihm seine Änderung nicht erwarte, dann versuche ich zumindest nachzuvollziehen, warum er so reagiert wie er reagiert.

Schon mehrere Jahrzehnte finde ich keine Lösungen für dieses Dilemma und bin echt müde davon. Ich verstehe nicht, warum ich mich mit solchen alten Dingen beschäftige – als gäbe es in der Gegenwart für mich nicht genug andere „Unterhaltung". Und das ist noch immer nicht genug. Aufgrund der aktuellen Träume habe ich das unangenehme Gefühl, dass ich mich in die Thematik noch tiefer vergrabe. Warum tue ich das? Kannst du mir bitte helfen, diesen „Albtraum" zu enträtseln?

Selbstverständlich helfe ich dir, die „Sache" aus einem anderen Blickwinkel zu betrachten. Ob es dabei zu einer Enträtselung kommt, das weiß ich nicht. Das werden wir gemeinsam erfahren. Verzweifle nicht, dass dieses Thema jetzt an die Oberfläche kam. Sie kam im besten Augenblick. Nämlich Jetzt! Es kam genau in dem Augenblick, wo wir es dort betrachten können, wo es bei dir entstanden ist – in der Slowakei. Was nicht bedeutet, dass es sich um irgendetwas slowakisch Allgemeines handelt, sondern nur, dass du über dieses Thema während deiner slowakischen Zeit gestolpert bist.

Wo sollen wir anfangen? Sagen wir dort, wo scheinbar alles

begonnen hat – in deiner Kindheit. Wenn du dir deine Kindheit näher ansiehst, kommst du darauf, dass du eine gewisse Zeit lang vor allem „funktioniert" hast, also einfach warst, ohne irgendwelche große Erwartungen an das Leben, an deine Umgebung, an dich zu hegen. Das Leben und die Menschen waren einfach so wie sie waren, wie du schon zuletzt geschrieben hast. Du hast einfach dagestanden und hast beobachtet um was es so geht und hast versucht, damit entsprechend umzugehen. Du hast versucht, auf die entstandenen Situationen, so gut wie du es wusstest, zu reagieren – also so, wie es deiner Natur eigen war. Selbstverständlich gab es schon damals Umstände, die nicht besonders angenehm waren und bei denen etwas in dir wusste, dass es auch anders gehen könnte. Aber es war trotzdem wie es war. Was hättest du als Kind schon verändern können? Was hätte es dem Geschehen gebracht, hättest du dir als Kind einen Kopf gemacht, warum der oder der Mensch so ist/war wie er war. Er wäre doch weiterhin so gewesen wie er war – ohne Rücksicht darauf, auf was du gekommen wärst. Also schautest du nur, hörtest zu und machtest große Augen. Wie ein Besucher, der aus einer fremden Welt kam. Und bevor ihm –als dem fremden Besucher aus dem All, das Urteilen in den Sinn kam, schaute er sich fasziniert die Andersartigkeit an und kam nicht aus dem Staunen heraus, dass auch so etwas existieren kann und dass Menschen auch auf diese Art leben und vor allem auch überleben und sich dabei keinen großen Kopf machen können. Weil dir, als „dem Besucher" wäre es vorher nie eingefallen, dass man auch so (über)leben kann. Vor einiger Zeit schautest du dir im Fernsehen eine Doku an, wo eine „gewöhnliche" deutsche Familie ins Outback geschickt worden war – zu einem noch nicht ausgestorbenen, seltenen Stamm, wo sie mehrere Wochen mit den Eingeborenen, ohne jegliche moderne Errungenschaften, so wie die Stammesleute auch, leben sollten. Und die Deutschen standen nach ihrer Ankunft dort auch wie Außerirdische da, obwohl sie über die Umstände bereits im Voraus informiert waren und sich freiwillig gemeldet haben. Sie sahen so aus, als hätte man sie auf einem fremden Planeten ausgesetzt. Sie wussten in dem Moment nicht, was sie tun sollten: weglaufen, bleiben oder was sonst. Alles war gänzlich anders als sie es gewohnt waren. Keine Zahnpasta, kein Wasser, keine Seife – über ein Fernsehgerät und Telefon gar nicht zu sprechen. Die Eingeborenen und vor allem die Frauen haben sich immer (!) statt sich zu waschen, mit roter Erden einfach eingeschmiert. Jeden Tag eine neue Schicht. Da es eine Wüste war und es keine Bäume, Sträucher oder ähnliches gab, schliefen sie alle in den in die Erde gegrabenen Gruben. Einfach alle so, voll mit der Erde beschmiert und aufeinander gekuschelt. Einfach paradiesisch herrlich. Vor allem aber für die sogenannten verwöhnten, deutschen Kinder, die es gewöhnt waren, jeder für sich ein eigenes Zimmer zu haben, eine eigene Meinung zu haben und alles zu bekommen, was sie sich in den Kopf gesetzt haben. Ihre Eltern haben sich auf dieses Abenteuer aus einer vergangenen jugendlichen, romantischen Vorstellung eingelassen: Einmal verbunden mit der Natur zu leben, weg von der Zivilisation. Ob ihre Vorstellung ausgerechnet so einen Stamm beinhaltete, der seine eigenen strengen Rituale und Regeln und keinen Besucherbonus hatte. „Geblendet" durch ihre ursprüngliche Vorstellung, schmeichelte den deutschen Erwachsenen das Interesse der Eingeborenen, die ihnen in dem Moment gegenüber den eigenen Nachbarn und Bekannten zu Hause besonders lebendig und freundlich vorkamen. Obwohl die Kinder die Eltern gebeten hatten, sofort umzukehren und nach Hause zu fliegen, ließen sie sich nicht von ihrem persönlichen Experiment abzubringen und waren trotz den extremen Bedingungen entschlossen, es bis zum geplanten Ende durchzuziehen. Der Spaß hörte erst dann auf spaßig zu sein, als die Tochter im „Busch" verloren gegangen war und der Sohn schwer erkrankte. Ob das noch immer den Eltern besonders romantisch vorkam, das lassen wir hier so im Raum stehen … Es war kein Traum, sondern eine menschliche Realität. Wir sollten dabei nicht vergessen, dass sie für den „Auftritt" wahrscheinlich bezahlt wurden und gewisse verbindliche Verträge mit dem TV-Sender unterschrieben hatten!

Was hat dieses Beispiel mit unserem heutigen Thema zu tun? Vor allem geht es darum, sich anzuschauen, welche Möglichkeiten die „Deutschen" gehabt hätten, wenn sie darauf gekommen wären, dass ihnen die fremde Welt doch nicht besonders zusagt. Nehmen wir an, das sie aufgrund von ausgefeilten Verträgen keine Möglichkeit hatten, das Abenteuer einfach zu unterbrechen und abzureisen. Die eine Möglichkeit in so einem Fall wäre, alles ohne Ausnahme zu akzeptieren und sich zu bemühen, sich bestmöglich anzupassen. Das hätte bedeutet, zu beobachten und zu lernen, wie es die Einheimischen machen, warum sie selbst nicht krank werden. Und weil sie offensichtlich friedvoll und fröhlich waren, fehlte es ihnen auch an Nichts. Die Alternative jedoch versagte: aufgrund des Boykotts und der Erkrankung der Kinder. Auch wenn sich die Kinder schließlich bemühten, etwas in ihnen konnte die Umstände nicht ertragen. Sie waren es nicht gewohnt, die Zähne zusammenzubeißen und auszuhalten. Obwohl der Sohn in schwerem Fieber lag, kein Essen und Flüssigkeit zu sich nehmen konnte und gänzlich entkräftet war, war es nicht möglich (wenn man dem TV Glauben schenkt), einen Arzt zu rufen und ihm Medikamente zu verabreichen. Die Einheimischen haben versucht, ihn auf ihre eigene Art zu heilen und sie waren genauso überrascht, als ihre altbewährten Mittel nicht halfen Warum hätten sie auch sollen – der Bursche war doch aus einer anderen Welt! Hier haben wir schon ein gutes Beispiel für einen menschlichen Fehlgedanken: zu denken, dass jeder alles kann bzw. dass das, was einer kann, der andere auch können muss/soll und dass das, was für einen gut ist, auf einen wirkt, für den anderen auch gut sein und auf ihn erfolgreich wirken muss, ohne Rücksicht darauf, wer er ist, von wo er stammt bzw. kommt.

Wie wir schon mehrmals sagten: Alles hängt mit allem zusammen, alles beeinflusst sich gegenseitig und alles hat einen bestimmten Sinn, auch wenn dieser nicht sichtbar oder bekannt ist oder nicht sinnvoll erscheint.

Kehren wir noch für eine Weile zu der deutschen Familie zurück. Selbstverständlich, dass die Erkrankung des eigenen Kindes die Eltern aus der erträumten Romantik schlagartig zurück in die harte Realität brachte. Hilflos, die Sprache verloren, haben sie stumm und ohnmächtig dem ansässigen Schamanen zugeschaut, wie er, über den sich in hohem Fieber windenden und in Schmerzen zitternden Burschen mit verschiedenen rauchenden Pflanzen wedelt, die ihn zusätzlich noch zu ersticken schienen, während ihn die schlammigen Hände von fremden Frauen streichelten und zu beruhigen versuchten. Selbstverständlich, dass es im TV an dieser Stelle einen Schnitt gab und dann konnten wir den Jungen dann angeblich gesund, aber noch ein wenig benommen, sehen. Klar – es war ein Film. Wir wissen nicht, was sich hinter den Kulissen und hinter der Kamera abspielte und wie viel der letztendlich doch geholte „zivilisierte" Arzt zur Genesung beigetragen hat. Eine Fernsehgesellschaft kann wahrscheinlich aufgrund von Versicherungsverträgen nicht besonders weit gehen – auch wenn es einen Kassenschlager garantieren würde. Es reicht, wenn es so aussieht, als ob.

Aber schauen wir uns Folgendes an: Was hätten die Eltern

für Möglichkeiten gehabt, hätte es dort keinen Filmstab gegeben und keine Versicherungen und wenn sie wirklich nur auf sich selbst und den Medizinmann angewiesen gewesen wären?

Die eine Möglichkeit wäre: Eingeborene und ihre Regeln hin oder her – ohne Rücksicht auf sie – das Kind zu schnappen, sich zu verabschieden oder auch nicht und sich sofort auf den Weg in die Zivilisation und zum nächsten Arzt zu machen ...

Wenn sie nicht fähig gewesen wären, so eine radikale Lösung durchzuziehen, hätten sie noch die Möglichkeit gehabt, die „zurückgebliebene" Welt so schnell wie möglich zur eigenen bzw. den Burschen zu seinen Gunsten zu „transformieren". Was hätte es bedeutet? Es hätte bedeutet, die netten, zopfigen, roterdigen Frauen und Männer und auch ihre Kinder zu den eigenen, „zivilisierten" Gewohnheiten zu „verführen" und ihnen die wichtigsten Errungenschaften schmackhaft zu machen; sprich: in ihnen zum Beispiel eine Neugierde für Zahnbürste und Zahnpasta zu wecken, ihnen faszinierende Seifenblasen und ihren betörenden Duft vorzuführen. Mit anderen Worten: sich mit ihnen anzufreunden, ihnen auch die eigene Welt, eigene Gepflogenheiten, die eigene Mentalität und das eigene Gedankengut näherzubringen. Nicht, sich nur aus Höflichkeit zurückzuziehen und ohne Widerrede und ohne Eingreifen alles wahllos zu respektieren. Weg mit der Vorstellung: Wir sind hier nur Besucher! Das hier ist noch einer durch die Zivilisation unangetasteter Stamm und wir müssen ihn vor allen modernen Errungenschaften und Informationen um jeden Preis beschützen!

Wie ich schon sagte: Alles hängt mit allem zusammen, alles beeinflusst sich gegenseitig. Zu glauben, dass man als eine frisch gewaschene und gestylte Familie mit blauen Augen zu einem Stamm kommen kann, der noch vom Rest der Welt abgeschnitten und abgeschirmt zu sein scheint und zu denken, dass alleine dieses nichts in der eingeborenen Welt verändert, ist naiv. Wer will entscheiden, wie viele Impulse die Buschfrauen und Buschmänner gerade brauchen, was richtig ist ihnen zu zeigen und was nicht? Was, wenn diese Menschen schon längere Zeit auf Impulse von außen warteten und ihre „Götter" in wiederholten Ritualen um Hilfe baten, weil sie drauf kamen, dass ihre Entwicklung steckengeblieben war?

Ist nicht die beste Art, mit einem Dilemma umzugehen, einfach man selbst zu sein, sich vor allem um sich selbst zu kümmern? Einfach um das, was man für sich selbst braucht, damit man sich wohl fühlt – auch in so einer abenteuerlichen Welt? Und wenn das nicht möglich ist, bedeutet es vielleicht nicht, dass man in der Welt nichts mehr verloren hat und dass die Zeit kam um zu gehen?

Durch die verkehrte menschliche Logik erklären sich die Menschen oft selbst, dass es ihre Pflicht ist, zu bleiben, weil jemand (?)[13] von ihnen erwartet, durch unangenehme Situationen hindurch gehen zu müssen, diese zu meistern, aushalten zu müssen oder sich so zu verändern, so an sich zu arbeiten, dass man sie nicht mehr als unangenehm empfindet. Eine höhere Stufe der Selbsttäuschung kann nur mehr sein, dass man sich einredet, die Sache inzwischen liebgewonnen und zur Eigenen gemacht zu haben. Dies scheint eine beliebte Strategie zu sein. So kann man dort, bei euch, scheinbar in unangenehmen Bedingungen leichter überleben.

Im Falle der deutschen Familie hätte es auch wie folgt verlaufen können:

Die Familie steigt aus dem Geländewagen aus und wird durch eine jungfräuliche Landschaft, die noch nichts Bedrohendes andeutet begleitet, bis sie in dem Stammesdorf ankommt. Um sie willkommen zu heißen, kommen ihnen vollkommen mit roter Erde beschmierte Gestalten entgegen, während sie ein paar andere aus den tief in den Boden gegrabenen Löchern anstarren. Weit und breit ist keine Bananen- oder Palmhütte aus ihrer Traumvorstellung zu sehen. Weit und breit nur Sandwüste. Der einzige Schatten befindet sich in den gegrabenen Öffnungen unter ihren Füßen, in denen sich dutzende Menschen drängen.

---

13   *Fragezeichen, weil es immer um einen „Jemand" geht, wer ist aber dieser Jemand?*

Warum sind wir unbelehrbar?

Im ersten Augenblick beobachteten die Deutschen nur. Erst aus der ersten Trance aufgewacht, beginnt sich die Mutter nach dem Wasser umzuschauen, damit sie sich endlich nach der langen Reise waschen, erfrischen und wahrscheinlich auch zu sich kommen kann. Und? Nichts! Schock! Den Frauen war verboten auch nur einen Tropfen Wasser an sich zu lassen. Wasser, das war nur Männerprivileg. Weiterer Schock! Keine Zahnpasta, keine Seife, kein Shampoo, keine Bananenblätter unter dem Kopf. Statt einer Decke der Körper von jemand anderem. Schock! Hätten sich die Eltern an dieser Stelle gespürt, hätten sie gewusst, dass sie unter Schock standen und dass sie sich das Buschabenteuer ein wenig anders vorgestellt haben. Aber nein! Sie haben angefangen, sich einzureden, dass es genau das war, was sie wollten – ein Erlebnis! Ein unglaubliches, faszinierendes Erlebnis. Das war doch das, um was es ging! Also, in die Zunge beißen, Arschbacken zusammenkneifen und los geht es! Wir spielen, dass wir ein „Robinsonfamilie" sind. Aber hatten ihre Kinder auch eine solche Motivation? Hatten sie auch eine solche unerfüllte Vision, Vorstellung? Nein, sie hatten sie nicht. Sie hatten keinen Grund sich einen Ruck zu geben! Sie hatten nichts, womit sie sich zum Durchhalten motivieren konnten. Die Eltern haben für sie entschieden. Sie waren noch minderjährig, hatten nichts zu sagen. Mitten im Outback? Was hatten also diese Kinder für Möglichkeiten? Wohin sollten sie gehen, wenn sie sich bis dahin zu Hause nicht einmal ein Hemd gebügelt, keine einzige Mahlzeit selbst zubereitet haben? Alles tat die Mutter, erledigte der Vater. Wie konnten die Kinder auf ihre innere Stimme hören, sich umdrehen und rennen?

Nun, die Sache ist so. Die Kinder wissen unbewusst, was für die Eltern zählt, was der Weg nach Hause ist, wenn es nicht anders geht. Die eine Möglichkeit, wie das Kind den Eltern zeigen kann, dass es ihm ums Leben geht, ist: zu erkranken, damit spätestens dann die Mutter, der Vater aus der Trance aufwachen und in die Realität zurückkehren kann. Kein Wunder, dass Kinder oft solche „Kurzschlussreaktionen" wählen. Wie sollen sie sonst auf sich aufmerksam machen? Wie sollen sie sich sonst „sichtbar" machen? Wie mitzuteilen, zu sagen: Hey, das, was für dich okay ist, tut mir nicht gut! Aber ein Kind wählt nicht immer nur den Weg der Krankheit. Oft ist es die Flucht oder etwas anderes. Einfach das, was sie unbewusst spüren, dass die Eltern, Bekannte, Lehrer, Freunde aufrütteln könnte und soll.

Letztendlich reagieren nicht nur Kinder so, sondern die meisten Menschen. In jedem weilt so ein verborgenes Kind. Fast jeder hat aus der Kindheit Erfahrungen mit der Unsichtbarkeit oder dass seine inneren Gefühle, Empfindungen, Bedürfnisse und Wahrheiten nicht akzeptiert worden sind. So lernt jeder seit seiner Kindheit, was „zieht", was wirkt. Wie es funktioniert, auszutricksen, sichtbar zu machen, wie zumindest ab und zu das Eigene durchzusetzen ist.

Das alles kann ich nehmen, was du sagst. Es ist für mich klar und logisch, aber was hat das mit meinem am Anfang beschriebenen Fall gemeinsam? Was hat das damit zu tun, dass ich ständig unbewusst von anderen erwarte, dass sie sich ändern und dass sie mich eines Tages bemerken und nicht im Regen stehen lassen? Das, was du angedeutet hast, ist, dass Menschen zu tricksen versuchen, weil sie lernen wie es läuft und sich danach richten, sich anpassen. Sie nehmen zur Kenntnis, dass sie unsichtbar sind und reagieren dementsprechend. Sie suchen einen Weg, um sich sichtbar zu machen oder sie erzwingen/erschleichen sich auf anderen Wegen ihre eigenen „Regenschirme". Aber ich habe das Gefühl, dass ich unbelehrbar bin, dass ich ständig nicht glauben will, wie es hier läuft und lieber stehe ich trotzig im Regen, werde nass und warte, bis der andere es merkt. Es bedeutet, dass ich mir selbst nicht gut tue. Als wäre ich bei den Eingeborenen und im Fieber – warte, wann ihnen einfällt, einen Arzt zu holen. Wie sollen sie es aber, wenn sie von einem Arzt noch nie etwas gehört haben? Ich scheine mir zu denken, dass ihnen in so einem Fall einfällt, mich zu fragen, ob ich weiß, was ich brauche. So könnte ich sie auf die Idee bringen, einen Arzt zu holen.

Die Kinder haben den Eltern doch klar formuliert, was sie brauchten. Sie sagten: „Wir wollen hier nicht sein, es ist hier schlimm, es interessiert uns nicht, wir wollen wieder nach Hause." und eventuell haben sie auch noch gesagt: „Wenn es euch hier so gut gefällt, dann könnt ihr bleiben, aber bitte setzt uns in einen Flieger und schickt uns nach Hause. Wir wollen hier keine weitere Minute verbleiben." Die Kinder sagten genau alles, worum es ihnen ging, ohne es zu beschönigen. Und was passierte? Nichts. Sie erfuhren: „Sei doch nicht so! …", „Reiß dich zusammen …", „Wenn wir schon da sind, dann bleiben wir auch hier …", „wir haben keine Möglichkeit, wie wir jetzt gleich zurückkehren können und euch können wir auch nicht alleine losschicken …" usw. Die Eltern selbst erlebten schließlich Ähnliches, als sie die Einheimischen gebeten haben, dass sie ihnen ermöglichen, für den Sohn einen Arzt zu rufen. Da sind sie auch auf eine Wand gestoßen. Warum hätten es die Buschmenschen machen sollen, wenn sie die Erfahrung hatten, dass ihre Methoden wirkten? Wie hätte man ihnen beibringen sollen, dass auf einen Weißen ihr „Hokuspokus" möglicherweise nicht wirkt, wenn die „Weißen" sich selbst nicht ganz sicher waren und weil sie sich von zu Hause die Vorstellung mitgebracht haben, dass solche Naturvölker über das Leben besser Bescheid wissen als die moderne Welt. Aber wussten sie auch besser Bescheid über moderne Krankheiten, die sie selbst nie hatten? **Waren sie berufen etwas zu heilen, was sie selbst nie erfahren haben?**

Gut, aber um was geht es bei mir in dem Regen? Irgendwie habe ich es noch immer nicht verstanden.

Zu sehen und zu hören und zu wissen, dass es ist wie es ist.

Warum sind wir unbelehrbar?

Dass eine Welt existiert, in der die Menschen neben dir stehen und dich doch nicht sehen können. Dass eine Welt existiert, die auf Blindheit, auf dem (Herum)Irren und Nichtwissen basiert und dass dies nichts Schreckliches ist. Das Problem ist nicht die Existenz einer solchen Welt, sondern, dass du seit der Kindheit alles persönlich genommen hast, dir dachtest, dass es ausschließlich mit dir etwas zu tun hat und dass du also nicht in Ordnung bist. Es geht bei dir darum, zu sehen, dass Menschen so reagieren wie sie reagieren, ob du dort bist oder jemand anderer. Ein Mensch ist einfach so wie er ist und die Welt ist so wie sie ist – einmal wie eine Bühne, dann wie Schule, dann Labyrinth und/oder Illusion.

Du bist dir dessen bewusst und weißt, dass der Mensch, der neben dir steht und dich nicht sieht, nicht hört, nicht wahrnimmt, dass er sich genau das auch nur selbst vorspielt. Und du stehst dort und wartest, wann er damit aufhört und zu sehen beginnt, weil du aus deiner eigenen Erfahrung weißt, dass es möglich ist. Der Regenschirm ist nur ein Symbol, damit du weißt, wann der Mensch seine Augen wieder öffnet und wieder zu sehen beginnt. So können wir sagen, dass du dich irgendwie absichtlich in den Regen stellst, damit er einen Grund hat, dir den Regenschirm anzubieten ... damit du den „Zeitpunkt", das Signal nicht verpasst.

Und da stellt sich berechtigt die Frage, warum bist du

unbelehrbar und machst ständig den gleichen „Fehler" und bringst dich selbst immer wieder in unangenehme Situationen – als hättest du keinen Verstand. Wie viele Male musst du immer wieder dasselbe erfahren; dass du nur nass und nasser wirst? Ich beantworte es dir und du sagst mir, was du darüber denkst. Meine Antwort ist: **Du wirst so lange im Regen stehen und nass werden, so lange es notwendig/ nötig sein wird.** Was sagst du dazu?

Jetzt bin ich aber baff. Selbstverständlich. Bis ich meine Gedanken sortieren konnte, hast du mir schon geholfen, es mir aus einer anderen Richtung anzusehen und ich weiß jetzt, wohin du zielst. Es bedeutet, dass ich dort im Regen stehe – hat einen, mir bisher noch unbekannten Sinn.

Habe ich dir diesen nicht gerade ein wenig entschleiert?

Aber ja, aber ich traue mich nicht. Könntest du es zusammenfassen?

Na gut :)

Wir haben doch schon mehrmals gesagt, dass alles einen/ seinen Sinn hat. Wenn ich einmal sage „alles", dann meine ich auch alles und **alles bedeutet auch wirklich alles**. Also ist es unsinnig, zu glauben, dass dein „im Regen stehen" ohne Sinn wäre. Warum hätte alles einen Sinn, nur ausgerechnet eine – deine – Sache nicht? Darüber kann nur die verkehrte Logik grübeln, die dem entsprechend trainierten Verstand entspringt. Also kein Wunder, dass du dir im Regen so vorkommst, als hättest du den Verstand verloren, sonst würdest du dort wahrlich nicht stehen. Man muss die verkehrte Logik ausschalten. Nur so hält man es aus, dort im Vertrauen auf die übergeordnete Führung, jenseits der Logik, nur dem Impuls folgend, weiterhin da zu stehen. Hast du irgendwo schon einen Impuls, dich von dem Platz zu rühren? Nein. Über so einen Fall haben wir doch schon gesprochen. Kein neuer Impuls bedeutet: Du bist auf der Hauptstraße und alles ist in bester Ordnung, auch wenn es dort regnet und du nass bist.

Willst du damit sagen, dass ich dorthin geführt worden bin, besser gesagt, dass dort mein Platz ist – im Regen?

Wenn wir hier schon in solcher Symbolik sprechen, dann ja, so können wir es sagen.

Das ist aber großartig! Ich werde nass und nasser und es hat noch dazu einen Sinn! Neben mir stehen Menschen mit Regenschirmen, sehen mich nicht und mir fällt nicht ein, mich sichtbar zu machen und um einen Regenschirm zu bitten. Das ist ganz schön verrückt – vor allem, wenn es einen Sinn ergeben/haben soll. Und noch dazu, wenn alles, wirklich alles, einen eigenen Sinn hat, dann hat es wahrscheinlich auch einen

Sinn, warum mich die anderen nicht sehen, nicht hören, nicht wissen ...

Genauso. Alles bedeutet alles.

... hm ...

Aber wie ist es dann mit der Erwartung? Ich dachte, dass „von jemand anderem etwas zu erwarten" ist ein Verhaltensmuster und jetzt erfahre ich, dass es einen Sinn hat, warum ich dort stehe und (er)warte, wann der Mensch aufwacht und endlich so reagiert, wie ich es mir denke, dass er reagieren soll.

Wir dürfen das Warten und Erwarten nicht verwechseln.

Aha ...?

Erwartung ist immer mit einem Druck und einer Vorstellung verbunden, dass jemand etwas so tun soll, wie ich es mir denke. Erwartung ist nicht frei, nicht im Einklang mit dem Herzen, mit der Liebe. Erwartung entspringt der mentalen Vorstellung, also der verkehrten Logik. Erwarten bedeutet nicht, darüber Bescheid zu wissen, dass alles (s)einen eigenen Sinn und seine eigene Zeit(rechnung) hat. Erwarten bedeutet: über die Individualität und über das Recht auf die Individualität und auf die individuellen Reaktionen nichts zu wissen.

Warten ist eine Führung. Warten kommt aus dem Herzen und aus der Liebe. Warten ist ein Impuls, ohne Überlegung – zumindest das Warten, über das wir hier sprechen. Damit meine ich nicht, dass Warten in einer Schlange vor einer Kasse oder wie im Sozialismus auf Milch und Bananen.

Warten ist ein Wissen darüber, dass alles ist so wie es ist und es hat (s)einen Sinn und die eigene Zeit. Und, dass die Zeit kommt – auch die Zeit des Erwachens. Warten ist Vertrauen. Warten ohne Vertrauen ist kein Warten. <u>Warten ist ohne Erwartung.</u> Und wenn alles einen eigenen Sinn hat, dann hat, wie das Warten, so auch die Erwartung einen Sinn.

Erwartung ist ein Lehrinstrument. Es ist ein Symbol, das dem Menschen ermöglicht, sich in der Ver(w)irrung zu erkennen. Es signalisiert, dass sie noch immer im Labyrinth hängen, dass sie noch immer nach dem Ausgang suchen und ihn noch nicht gefunden haben. Sobald jemand bei sich bemerkt, dass er in sich einen Anspruch auf jemanden anderen hegt, dass er erwartet, verlangt, erzwingen will usw. – wenn er fähig ist, sich dieses zuzugestehen, dann ist er schon um einen großen Schritt (aus dem Labyrinth) weiter und bereits weniger blind. <u>Dann (!)</u> hat er die Möglichkeit, sich umzusehen, sich zu orientieren und zu erblicken, dass jemand (plötzlich) in seiner Nähe steht, der ihm in seiner neuen

Situation – der Sehende zu sein – hilft sich zu orientieren. **Warten ist, so können wir es sagen, ein göttliches Geschenk, das es ermöglicht, den eigenen Stand, wo man sich gerade befindet, zu sehen.**

Kann man das auch so ausdrücken, dass solche Menschen, die deshalb vor einem Eingang ins Labyrinth warten, um den „Verlorenen" dann die helfende Hand zu reichen, wenn sie bereits zu sehen beginnen, damit sie sich merken können, dass sie nicht mehr im Labyrinth sind, dass sie nicht mehr irren? Weil, wenn sie so lange herumzuirren gewöhnt waren, könnte es passieren, dass sie aus Automatismus weiter irren würden, auch wenn sie gar nicht mehr im „Irrgarten" wären?

Gottseidank weiß ich, dass du es nicht ernst meinst und dass du die Frage aus Spaß geschrieben hast! (Wie macht man einen Smiley mit einem mahnenden Finger? Den würde ich jetzt gerne benutzen :)) Also – nein – im Ernst. Wenn alles einen Sinn hat, hat selbstverständlich deine Frage auch einen, auch wenn du die Antwort bereits kennst.

Derjenige, der wartet, der wartet in einem illusorischen Labyrinth, damit er dann demjenigen, der erwacht ist und der schon alle Ecken, Sackgassen, Wege, Spiegelungen, Gespenster auswendig kennt und weiß, dass dort und dort hundertprozentig kein Ausgang ist, damit man ihm nach und nach aufzeigt, dass dort eigentlich kein Labyrinth ist/

war – dass es nur eine Vorstellung, ein virtuelles Spiel war. Und dass man dort wirklich keinen Ausgang finden kann, weil er dort nie eingetreten war, außer in seiner Vorstellung. **So muss er also in seiner Vorstellung, in sich und sonst nirgendwo, das Labyrinth verlassen; besser gesagt; das Spiel, die Illusion durchschauen.**

Bedeutet das also, dass ich dort stehe und es überhaupt nicht regnet und ich deswegen keinen Regenschirm brauche?

Fast.

Selbstverständlich, dass es in dem virtuellen Spiel regnet. Sonst würde sich der Spieler nicht unter einem Regenschirm ducken.

Und ich spiele sozusagen mit, dass ich nass vom Regen werde, damit er einen Grund hat, mir den Regenschirm zu reichen, damit ich merken kann, dass er teilweise aus dem Spiel herausgefallen ist?

Wenn er aus dem Spiel draußen wäre, warum würde er dir einen Regenschirm anbieten? Und kannst du dir vorstellen, wie du ihm vorkommen würdest, wenn er merken würde, dass es bei dir nicht regnet und du so tun würdest, als würdest du im Regen nasse Füße kriegen? Das wäre wahrscheinlich nicht ein besonderer Ansporn, damit er dich um Hilfe bittet. ;)

Nein, der Haken ist dort, dass du gelernt hast, die Situationen aus dem Blickwinkel des anderen anzuschauen und zu verstehen. Es bedeutet, dass du dich die ganze Zeit aus seiner Sicht siehst, als wärst du mit im Spiel und wirst nass, weil es im Spiel regnet. Und du weißt, dort könnte er dich erkennen und dir einen Platz unterm Regenschirm anbieten. Das Problem beginnt dort, wenn du dich auf einmal mit dem Ganzen identifizierst und beginnst, selbst zu glauben, dass es auf dich regnet und du dich zum Beispiel verkühlen kannst. Dann bist du selbst mit einem Fuß im Labyrinth.

Aber alles hat eigenen Sinn. Mit einem Fuß im Labyrinth zu sein, bedeutet noch immer nicht, sich dem Irrenden anzunähern, selbst ein „Irrer" zu werden. Wenn er schon ganz heraus wäre, wozu bräuchte er die helfende Hand? Nun, man muss auf die hypnotische Kraft des Labyrinthspiels aufpassen und sich ständig in Erinnerung rufen, dass, wie auch der Regen, so auch das Labyrinth selbst nur ein Spiel ist – damit du dir zum Beispiel nicht unnötig eine Verkühlung zuziehst – die dann aber echt ist.

Jetzt aber genug mit den neuen Impulsen zum Nachsinnen für heute. Ich wünsche erneut einen wunderschönen Tag.

Danke! Ich glaube, dass ich ein kleines Chaos in mir habe. Aber wie sollte es anders sein, wenn man im Regen steht und nass wird, während man doch nicht im Regen steht und dabei mit einem Fuß in einem Labyrinth ist, das gar nicht existiert, in dem man jedoch auf einen Regenschirm wartet, den einem aber keiner reichen kann, weil, wenn jemand soweit wäre, ihn zu reichen, dann würde er bereits merken, dass es nicht regnet und man also keinen braucht. Hilfeeee! Ich glaube, ich brauche heute dringend eine Dosis frischer Luft und Sauerstoff. Bis dann :)

Der Sinn des Unsinns

Ich habe einige Tage hinter mir, die ich physisch „auf der anderen Seite" verbracht habe und ich bin weniger durcheinander als viel mehr im Übermaß müde – wenn das überhaupt der richtige Ausdruck für meinen Zustand ist.

Ich fühle mich verbarrikadiert und mit etwas total Unlebendigem ausgefüllt. „Tot" schaut es in meinem Kopf, meiner Brust und in meinem Bauch aus. Überall nur Schlamm, der mich beschwert, mir nicht erlaubt frei zu atmen bzw. durchzuatmen. Als wäre mein Körper ein Schwamm, der in einer schweren Flüssigkeit getränkt wurde – nicht in Wasser, sondern in etwas Schwerem, Dichtem, Verbrauchtem, Teerig-Öligem, das sich jetzt in meinen Zellen abgesetzt hat. Ich fühle mich, als hätte ich über Nacht zwanzig Kilo zugenommen. Statt einfach zu gehen, empfinde ich mich, als würde ich mich mit Mühe schleppen, als hänge an mir ein riesiger Felsen. Selbstverständlich ist es kein unbekannter Zustand. Es gab Zeiten, in denen ich diesen Zustand für normal hielt. Trägheit, Belämmertheit, Unwille sich zu bewegen. Alles fiel mir schwer. Jeder Gedanke wurde zu einer schweren Geburt und drängte sich stundenlang aus Untiefen an die Oberfläche. Und bis ihm gelungen war in mein Bewusstsein zu kommen, wurde er schon im Keim erstickt oder war nicht mehr aktuell. Alles schreit in mir, dass ich mich nicht spüren, nicht ertragen möchte, dass ich mich am liebsten mit den ungesündesten Speisen vollstopfen möchte, bis ich durch den letzten „giftigen" K.O.- Schlag in die Bewusstlosigkeit falle. Ich kann mir vorstellen, dass so manche in so einem Zustand dankbar zu Alkohol oder anderen Drogen greifen, damit sie sich von sich selbst und dem eigenen Körper entfernen, ihn nicht mehr spüren müssen. Am besten sich in ein Schlafkoma fallen lassen, Stunden, Tage an sich vorbeiziehen lassen, bis sich durch irgendein Wunder dieser giftige, unerträgliche Zustand klärt und verschwindet, bis der Deckel vom Kopf abfällt und endlich wieder Licht und frische Luft reinlässt. Und bis dahin … als würde ich im eigenen, bzw. fremden Saft braten. Was sagst du dazu?

Die frische Luft ist eine Sache und das, um was es hier geht, eine andere. Das Bedürfnis nach frischer Luft stellt in deinem Fall eine Metapher dar, die einer Sehnsucht gleicht, sich wieder mit der Quelle, mit der totalen, frischen, lebendigen und belebenden Energie zu verbinden, weil in der Welt, in der sich der Mensch, in so einem, von dir beschriebenen Moment befindet, „alles" möglich ist, nur die Lebendigkeit und Belebung nicht. Ob in dem Moment der Mensch im eigenen oder fremden „Saft" schmort, ist von Fall zu Fall unterschiedlich. Sehen wir uns doch deinen konkreten Fall an, mit dessen Hilfe wir gewisse Phänomene aufzeigen bzw. sie von der anderen Seite betrachten können, wie es uns schon zur Gewohnheit geworden ist.

Das Leben basiert auf dem Leben

Du hast einst gesagt, dass du viele Erfahrungen und Erlebnisse haben möchtest, damit dir die Themen und Motive fürs Buchschreiben nicht ausgehen. Dieser Wunsch aus deiner Jugend wurde wahr, ob es dir gefällt oder manchmal auch weniger. Selbstverständlich, wenn ein Mensch solche Wünsche formuliert, zum Beispiel in seiner Pubertät, gründet so eine Formulierung auf den Wünschen und Vorstellungen der eigenen bisherigen Erfahrungen. Ein Mensch versucht (un)bewusst seine Zukunft, sein Vorwärtskommen, so gut er es kann, zu beeinflussen. Er ist sich nicht bewusst, dass das, was er sich wünscht, letzten Endes vielerlei Gesichter und Manifestationen, viele Ursachen und damit verbundene Wirkungen haben kann.

Warum beginne ich heute soweit auszuholen und was hat das mit deinem beschriebenen Zustand zu tun?

Wie immer, bin ich dabei, solche breiteren Zusammenhänge aufzuzeigen, die das Offensichtliche erzeugen und aufgrund dessen sich das Offensichtliche überhaupt manifestiert, sichtbar wird. Selbstverständlich haben wir einen großen Vorteil, dass wir hinter die Kulissen schauen können – dank deiner persönlichen Erlebnisse und deiner Bereitschaft, sie mit anderen zu teilen. Dazu gehört auch der Mut, sich zu entblößen und keine Angst vor dem „Köpfen"[14] zu haben,

---

14 *Jemanden köpfen, den Kopf abschlagen, Guillotine etc.*

wenn jemand deine Erlebnisse und ihre Interpretation „verkehrt" auslegt, sie unverstanden bleiben und du dann, wie die Slowaken gerne sagen: Mit nacktem Hintern auf dem Pranger entblößt stehen bleibst. Dazu gehören auch noch deine Fähigkeit und deine Bemühen zuzuhören, zu sehen bzw. hinter das Sichtbare zu schauen und die Freude am Entdecken zu leben, wie auch die Bereitschaft, eigene Erkenntnisse mit anderen zu teilen. Und da nähern wir uns dem Punkt, um den es heute geht: den **Unterschied zwischen der Sehnsucht, dem Bestreben, dem Bedürfnis** und der endgültigen realisierten und sichtbar gemachten **tatsächlichen Wirklichkeit** zu erfühlen. Zwischen der Sehnsucht, dem Bestreben, dem Bedürfnis und der sichtbar gemachten Wirklichkeit scheint es eine Kluft zu geben. Ein weiter und breiter Weg, den man zuerst passieren muss, bis man sich zu dem gewünschten Ergebnis durchgearbeitet hat. Es ist deswegen, weil der Prozess des Materialisierens des Geistigen – also der Ideen, Gedanken bzw. Einfälle – gewissen Gesetzmäßigkeiten untergeordnet ist und bei einem normalen Menschen unbemerkt hintergründig abläuft, damit er ihn nicht von seiner eigenen Welt, seinem „ich" ablenkt. **Ein Mensch befindet sich (immer) genau dort, wo er sein sollte, wo es ihm möglich ist, die Ergebnisse seines Bemühens, seines Kreierens zu sehen, zu erleben, zu erforschen oder auch zu analysieren und sich immer wieder aufs Neue entscheiden kann, in welche Richtung er**

weitergehen will und wie sein „Vorschritt"[15]**, seine nächste „neue" Wirklichkeit aussehen soll.** Die Zeitverschiebung scheint dem menschlichen Verstand einen Streich zu spielen, weil ihm durch sie die Zusammenhänge verklärt erscheinen, was das Erkennen der (Lebens)Auswirkungen, die mit dem eigenen Tun und Streben verbunden sind, erschwert. In nicht wenigen Beispielen haben Menschen den Eindruck, als wäre ihnen ihr Leben entgleist, als wäre irgendwo ein Fehler passiert, als hätte jemand auf dem erträumten Gleis eine Weiche gestellt und der Weg, ihr (Lebens)Weg wurde unbemerkt von einem Moment zum anderen in eine (völlig) andere Richtung verschoben, die mit der ursprünglichen Absicht, dem ursprünglichen Ziel, der ursprünglichen Sehnsucht und dem ursprünglichen Traum nichts zu tun hat. Als würde dort jemand stehen, der für einen entschieden hat: „So und jetzt genug mit dem Spaß, genug mit der Träumerei – jetzt wird es ernst, ab jetzt gehst du dort, wo ich dir sage und fertig!" Als wäre von einem Augenblick zum nächsten das eigene Leben in den Händen von einem anderen, dessen Launen, seine Gunst oder Ungunst des eigenen Seins bestimmen. Aus meiner Sicht ist es nicht besonders logisch, aber wenn man wahrnimmt wie vielen Menschen es so vorkommt, muss etwas daran sein. Von irgendwoher muss so eine Überzeugung, so eine Logik (ent)stammen und sich in den Köpfen der Menschen wie ein Virus einnisten und dort

---

15   *„Vor-schritt" -> Schritt nach vorne, sprich Fortschritt*

vermehren. Aber warum kommt überhaupt jemand zu so einer Überzeugung, dass jemand oder etwas ihn beherrscht, Macht über ihn hat, ausüben kann, das ist ein anderes Thema.

Jetzt bleiben wir bei den Träumen und Sehnsüchten. Was glaubst du, meine Liebe, woher kommen diese? Wie kamst du auf die Idee, die du bereits mehrmals „bereut" hast, so viel wie möglich in deinem Leben zu erleben, damit du genug Stoff zum Schreiben hast, damit dir die Tinte nicht austrocknet? Von wo kam die Idee zu schreiben? Von wo kam der Impuls zu reisen, fremde Kulturen zu besuchen und über die Art des Lebens der „Eingeborenen" zu berichten? Und wenn wir dazu erwähnen, dass das, was in dir hochkam, nicht einmal nur eine Vorstellung, sondern ein Bedürfnis war und wenn wir uns noch dazunehmen, dass dir dieses Bedürfnis sehr früh bewusst wurde – schon, als du noch in den Kinderschuhen stecktest ... Ein Zufall? Kindliche Träumerei? Romantik? Naivität? Unsinnige Sehnsucht?

Auf diese Fragen kann ich am besten mit deinem Satz antworten: „Alles hat seinen eigenen Sinn." Und ich füge dem hinzu, dass es gar nicht wichtig ist, ob Mensch sich dessen bewusst wird oder nicht. Wenn ich es auf deine Frage ummünze, dann schließe ich logisch daraus, dass alle Träume, Sehnsüchte, Vorstellungen und anderes ihren Sinn und ihre Berechtigung haben. Weiter muss es bedeuten, das auch das Empfinden, auf einem falschen Gleis zu sein, vom Weg abgekommen zu sein

– das muss auch eigenen Sinn haben. Schon allein deswegen, weil, wie du sagst, solch ein Virus eine große Menschenmenge befallen hat. Also bin ich neugierig, wohin du uns weiter führst und selbstverständlich, was das mit meinem oben beschriebenen Zustand und mit der „anderen" Seite zu tun hat.

Das hast du dir jetzt aber meisterhaft vereinfacht! Einfach meine Sätze anwenden, darfst du das?! :)

Aber jetzt ohne Spaß ... ;)

Selbstverständlich hat alles seinen Sinn. Nur, die verkehrte Logik erlaubt es euch oft nicht, ihn zu sehen, wahrzunehmen, zu erahnen. Eher umgekehrt. **Die verkehrte Logik, wie sonst, hilft in allem den Unsinn zu sehen!** Aber ist das nicht großartig? Ist es nicht großartig, den Unsinn zu sehen und dabei über die verkehrte Logik Bescheid zu wissen? Ist es nicht großartig das Gefühl zu haben, etwas ist nicht so, wie es scheint, dass irgendwo ein Haken sein muss, auch wenn die verkehrte Logik es scheinbar mit genug Argumenten zu belegen versucht? Ist das nicht großartig, wenn ein Mensch trotz aller Unsinnigkeiten und Verdrehungen in sich ein Wissen darüber trägt, dass irgendwo der Hund begraben sein muss, dass es in Wirklichkeit nicht so, sondern anders sein kann? Ist das nicht großartig, wenn man, egal auf welcher Seite, egal in welchem Labyrinth und in welcher Rolle man sich befindet – wenn etwas aus der Seele schreit: „Das kann doch nicht wahr sein!" oder „Das kann nur ein schlechter Witz sein!" oder „Hier irgendwo muss ein Haken sein!". Spricht das nicht vor allem für den gesunden Menschenverstand, für das gesunde Empfinden und Wahrnehmen – wie auch über die noch immer existente Verbindung zum Ursprünglichen?

Wenn es jemandem so vorkommt, dass die Welt kopfsteht, hat er die Möglichkeit, stehenzubleiben und zu lauschen. Er hat die Möglichkeit, zu hinterfragen, sich selbst zu befragen. Er hat die Möglichkeit, wenn keine andere, dann diese: sich zu fragen, **warum ihm etwas so vorkommt, wie es ihm vorkommt.** Warum kommt ihm zum Beispiel das und das unsinnig, verkehrt vor? Warum?

Weil er die Dinge vom „falschen Ende", mit „verdrehten Augen" anschaut?

Hm, interessante Formulierung – ja, so könnte man es auch sagen.

Und was hat es mit unserem Thema zu tun?

Wir wollen es uns, bevor wir weitermachen, bewusst machen, es erspüren, erlauschen, was es bedeutet, wenn wir sagen, dass alles <u>seinen eigenen (!)</u> Sinn hat. Was macht das mit einem? Kann sich das ein Mensch überhaupt vorstellen – dass alles einen Sinn hat? Kann er das in der Tiefe seiner

Seele fühlen? Oder empfindet er Widerstand, Unwillen und Misstrauen gegenüber so einer Theorie – nur die Füße über die Schulter schmeißen[16] und einfach wegrennen?

In einer Welt hat alles einen Sinn und in der anderen Welt hat vieles seinen Unsinn. **Damit es den Unsinn überhaupt geben kann, muss es zuerst den Sinn geben. Die Negation von etwas existiert immer erst aufgrund von Verneinung von etwas, das es schon gibt!** Eine Negierung können wir nicht anders als durch Streichen, Löschen, Ausradieren von etwas, was vor einem Augenblick noch da war, darstellen. **Die Fähigkeit zu haben, sich einen Unsinn vorstellen zu können, bedeutet logischerweise, zuerst über den Sinn Bescheid zu wissen** und dann auch, wenn vielleicht nur unbewusst, es zu negieren. Es ist ein ganz simpler Mechanismus, der für eine gewisse Zeit der persönlichen Entwicklung und während des Prozesses der Bewusstwerdung ein sehr effektives Hilfsinstrument sein kann. Wie? Ganz einfach und sehr logisch: **sobald ich mich dabei erwische, dass mir etwas unsinnig vorkommt, habe ich die Möglichkeit, mich zu erinnern, dass hinter dem Unsinnigen ein Sinn für mich sein muss, auch wenn ich ihn gerade nicht sehe. Er muss irgendwo sein, weil es mir sonst nicht unsinnig vorkommen würde!** Irgendetwas für unsinnig zu halten, ist

---

16 *Eine wörtlich übersetzte slowakische Redewendung im Sinne: sich aus dem Staub machen*

ein Warnsignal – wie das Rot auf der Kreuzung, das mich informiert, dass ich den Sinn vergessen habe bzw. mir gerade nicht bewusst ist und deswegen ... **bevor (!) ich einen weiteren Schritt mache, sollte ich mich besinnen!** Mich also des Sinnes wieder erinnern, **weil der nächste Schritt darüber entscheidet, ob ich auf den Zug Richtung Sinnhaftigkeit oder Unsinnigkeit aufspringe und weiterfahre.** Und wenn ich mich dann plötzlich im (In)Land der Unsinnigkeiten befinde, wie weit muss ich dann dort gehen bis ich es merke? Was alles muss ich erleben, bis ich endlich ausrufe: „Das kann doch nicht wahr sein, das ergibt doch keinen Sinn!"?

Und zu alledem ist es wichtig, noch eine Kleinigkeit zu erwähnen. **Einen Sinn von etwas zu sehen oder zu verstehen, bedeutet nicht (!) in jedem Augenblick alle Zusammenhänge zu durchschauen und alles zu verstehen!** Einen Sinn zu sehen bedeutet: darüber Bescheid zu wissen, dass alles eigenen Sinn hat und dem zu vertrauen und zu wissen oder zumindest dem zu vertrauen, dass es trotzdem irgendwo alles einen Sinn ergibt, der sich für mich in einem optimalen Augenblick selbst offenbart und sichtbar macht, auch wenn ich im Moment nicht alles weiß, nicht alles verstehe. Allein nur deshalb, weil das Leben so ist, wie es ist – sinnvoll.

Mit Hilfe des <u>Empfindens der Unsinnigkeit</u> hat ein Mensch also die Möglichkeit, sich zu besinnen und sich bewusst zu werden, dass er sich in dem Moment wahrscheinlich auf der Seite der Illusion und der verkehrten Logik befindet, auf einer Seite, die vom Leben abgewendet ist. Und (!) ... **egal wie weit und wie lange der Mensch auf ihr – „der verkehrten Seite" – wanderte, nur durch einen Schritt von der anderen, der lebendigeren Seite entfernt ist, der Seite, die dem Leben zugewandt ist. Nur ein einziger Schritt heißt: Wo der Mensch auch gerade ist, immer hat er die Möglichkeit und die Macht, sich zu entscheiden, nicht an den Unsinn zu glauben oder nicht dem Unsinn zu glauben, sondern über den Sinn (dahinter) und damit auch über das Leben Bescheid zu wissen.**

Das alles kennen wir ja bereits aus unseren deutschen Gesprächen. Aber ich muss doch noch einmal fragen: Was hat es mit meinem Zustand zu tun?

Wir können es so zusammenfassen: Du sagtest, du warst einige Tage auf der anderen Seite. Wenn es auf der anderen Seite schon das Bewusstsein über den Sinn und darüber, was wir heute hier geschrieben haben (für dich) geben würde, wäre es für dich keine andere Seite gewesen und es hätte in dir nicht so ein Chaos oder so einen Zustand verursacht, wie du ihn am Anfang beschrieben hast. So haben wir mit Hilfe der ersten Zeilen nichts anderes gemacht, als dich durch den Prozess der Bewusstwerdung bzw. der Transformation zur „gefühlten" anderen Seite begleitet. Wir halfen dir, die gefragten Informationen dorthin zu transportieren[17], wo sie noch nicht angekommen waren. Informationen, die helfen soll(t)en, das schon fast Abgestorbene zu beleben oder das, was aufgegeben hat, was dich verlassen hat, was keinen Sinn gesehen hat, aus der Ohnmacht bzw. Bewusstlosigkeit zu wecken, damit genau „das" neue Kräfte und frische Energie, das Leben wieder tanken kann. In den meisten Fällen sind es Teile deines Selbst, die zuerst eigene Träume und Sehnsüchte hegten, glaubten, wussten und einen Sinn sahen, solange sie nicht – egal mit welchen Mitteln – über das Gegenteil ent(ge)täuscht und überzeugt wurden. Also haben wir hier nichts anderes gemacht als eigentlich die ursprünglichen, zu dir gehörenden Träume, Sehnsüchte und Bedürfnisse zu beleben – was gar nicht so einfach ist, weil sie mit sehr vielen Enttäuschungen, Misstrauen und mehrmaligem Sterben und Begraben[18] des Glaubens, des Vertrauens, des Wissens und des Bewusstseins zu und über sich selbst[19] verbunden sind. Solchem Wiederbelebungsprozess hilft sehr die Bewusstwerdung der Tatsache, dass alles seinen eigenen Sinn hat. Also auch das, warum man sich von sich selbst entfernt,

---

17 Die Begriffe „Wissenstransfer" und "Transportation des Wissens" wurden im Band 3 des „BewusstseinsCoachings – Die Kunst der bewussten Wahrnehmung" im Kapitel „Wissenstransfer" erklärt und besprochen.

18 Im Sinne: ein Begräbnis veranstalten

19 Selbstbewusstsein absichtlich in dieser Form (Bewusstsein über sich selbst) geschrieben, um es mit dem klischeehaften „Selbstbewusstsein" nicht zu verwechseln.

warum man Teile von sich begraben hat und warum sich etwas von Sinn zu Unsinn und von Vertrauen zu Misstrauen für eine Zeit lang gewandelt hat.

Beleben, aufwecken, von den Toten auferstehen ... ist ein für Menschen sehr anstrengender Prozess, der umso länger dauert, umso länger die Zeit der Abwendung, der Zweifel, des Misstrauens und des Nichtlebens dauert. Verleitend kann es dann sein, wenn sich der Mensch nicht bewusst ist, dass der sogenannte Tod auch einen Teil der „Persönlichkeit" oder nur einen bestimmten Traum, ein Talent, Bedürfnis betreffen kann, auf den/das man „freiwillig" verzichtet(e), weil man glaubt(e), damit einen Raum oder eine Möglichkeit für etwas anderes zu bieten. **Der Mensch meint, dass er etwas zu Gunsten von etwas anderem aufgibt, das er zu leben oder zu erfahren plant. Er opfert einen Traum, damit er (so glaubt er) einen anderen Traum leben kann.** Aus solch einem Denken entstammen Opferrituale und überhaupt das gesamte Opferdenken. Aber, wenn wir es aus einer anderen Perspektive anschauen, erkennen wir, dass es sich nur um verkehrtes Denken und verkehrte Logik handeln kann, weil die „gerade" Logik des Lebens nicht sein kann, dass ich mir durch den Tod das Leben erkaufe. **Leben ist Leben. Leben beschäftigt sich mit dem Lebendigen, Leben kann also nicht auf den Fundamenten des Toten stehen. Das Leben kann nur auf dem Leben und dem Lebendigen basieren. Opfertum tötet ab, auch wenn es nur ein Teil von etwas**

sein sollte. Egal wie winzig und scheinbar unbrauchbar und verzichtbar dieser geopferte Teil auch ist. Auch wenn ein Mensch auf etwas verzichtete, wovon er dachte, dass es für ihn gar kein Opfer ist und dass das, was er durch die Opfergabe bekommen hat, viel größer und sinnvoller als das Opfer ist – beinhaltet es bereits die Information „auf etwas zu verzichten" – und **da das Leben nicht auf dem Verzicht, sondern auf dem Leben basiert, kann das Ergebnis der „Opfergabe" nicht etwas Lebendiges, etwas, was im Leben ist, sein. Jedes innere Opfer gleicht einem inneren Begräbnis. Der Mensch begräbt in sich das, über was er wusste, dass es einen Sinn hatte und dass er es braucht – sonst würde er es nicht als Opfer empfinden.**

Aus einem seltsamen Grund habe ich das Gefühl, dass das, was du hier gerade gesagt hast bzw. mir vermittelst hast, irgendetwas mit meinem Pragbesuch zu tun hat – ist ja auch das, was ich meinte, dass ich einige Tage auf der anderen Seite war. Während ich schreibe, nehme ich eine ganz andere Energie wahr als sonst, wenn wir miteinander sprechen. Als würdest du mir die Sprache von jemand anderem näherbringen wollen. Und jetzt, wo ich es aufgeschrieben habe, kommt mir, dass wir den Palach Platz passiert haben und wie bekannt ist, ist Jan Palach[20] jemand gewesen, der sich sozusagen für ein

---

20 *Jan Palach war ein tschechoslowakischer Student, der sich aus Protest gegen die Niederschlagung des Prager Frühlings und gegen das Diktat der Sowjetunion im Jahr 1969 in Prag selbst verbrannte. (aus Wikipedia)*

höheres Ziel opferte. Wahrscheinlich ist es, wie immer, kein Zufall, dass du heute mit mir über Opfertum sprichst, obwohl mir noch immer nicht klar ist, was es mit meinem angesprochenen Zustand zu tun hat. Ich schätze, ich beginne aber langsam zu verstehen. Es schaut für mich so aus, dass ich mir aus Prag ein Beispiel mitgebracht habe, wo aus Überzeugung oder Hoffnungslosigkeit, aus dem Nichtsehen des tieferen Sinnes oder dem Nichtwissen über andere Möglichkeiten, sich manche Menschen zu Opferschritten flüchten – sogar zu solchen, wo sie sich wirklich durch ihr eigenes Leben das Leben bzw. die Freiheit zu erkaufen bzw. zu erzwingen versuchen.

Wir sind nicht berufen, über andere zu sprechen und schon überhaupt nicht dazu da, die noch Lebenden oder die Toten zu werten und über sie zu urteilen. Dank unserer Zusammenarbeit können wir deine eigenen Erlebnisse unmittelbar als Beispiele nutzen und sie aus einer „neuen" Perspektive betrachten bzw. in ihnen neue Anschauungsmöglichkeiten erkennen und das reicht uns im Moment völlig aus. Bleiben wir also weiterhin bei dir und deinen eigenen „menschlichen" Erfahrungen oder Erfahrungen der Menschlichkeit.

Ja, du warst in Prag und du hast dort, wie sonst wo auch, mit deinen Sinnen wahrgenommen. Und ja, du hast dort gewisse Informationen und Energien empfangen, die du jetzt zu Hause, sozusagen schon auf deiner Seite, in Ruhe

„begutachten" und „sortieren" kannst. Alleine daraus könntest du dir bewusst werden, dass es eine **Seite des Erlebens „im Außen" und eine „im Innen"** gibt. So bedeutet eigentlich das, was du nennst, dass du auf der anderen Seite warst, dass du im „Außen" warst, so als wärst du aus dem inneren Wahrnehmen, Forschen und Empfangen auf das Erleben direkt im Terrain[21] umgeschaltet gewesen.

Das ist zwar nett, hört sich spannend und abenteuerlich an ... es verursacht aber in mir jedes Mal ein ziemliches Chaos. Warum ist es nicht möglich, beide Seiten gleichzeitig zu leben, zu erfahren und sich dabei bewusst zu sein, bewusst zu werden?

Ganz einfach. **Das Bewusstwerden im Augenblick des Erlebens behindert** aufgrund dessen, dass der heutige Mensch so ist, wie er ist, **das eigene Erleben**. Es bedeutet, wenn sich der Mensch in einem bestimmten Augenblick bewusst wäre, was die Konsequenz seines nächsten Schrittes, seiner Worte oder sogar seiner Gedanken wären, würde er versuchen, gewisse Folgesituationen zu verhindern, sie zu meiden, zu umgehen. Das würde bedeuten, dass er sich selbst blockieren würde (was euch ja nicht unbekannt ist, sprich es passiert öfters). Er würde probieren, den nächsten (aus seiner

---

21   *Eine wörtliche Übersetzung aus dem Slowakischen, was so viel bedeutet wie: dort zu sein, wo direkt was los ist*

Sicht verhängnisvollen) Schritt nicht zu tun, das Wort nicht auszusprechen, den Gedanken nicht zu denken ... Und da sind wir schon wieder auf der verkehrten Seite, weil er sich statt aufs Tun auf das Nichttun, statt aufs Gehen auf das Nichtgehen, statt aufs Denken auf das Nichtdenken, statt auf Sprechen auf das Schweigen konzentrieren würde.

Das ist auch eine der Problemursachen im Bewusstwerdungsprozess eines Menschen. Sobald er beginnt, sich der Zusammenhänge bewusst zu werden, bemüht![22] er sich die Situation zu durchschauen bevor sie überhaupt entsteht. Er strengt sich an zu entlarven, dahinter zu schauen. Aber vielleicht ist das Bewusstwerden in dem Moment nicht seine Hauptaufgabe, nicht das, was er in dem Augenblick vorrangig zu tun hat. In vielen Fällen spielt das einfache Erfahren, die Konfrontation, also die Begegnung mit bestimmten Augenblicken und das Kennenlernen von sich selbst in so einem Geschehen die Hauptrolle.

Willst du damit sagen, dass, obwohl wir manchmal fähig sind nicht „beschränkt" zu sein, wir uns manchmal absichtlich „verblöden" müssen, damit wir uns in einer Situation begegnen, die uns zum Beispiel seit der Kindheit Angst einjagt und erst direkt im Erleben eines solchen Momentes entdecken, dass die Angst eigentlich unbegründet ist ...?

---

22   *Betonung auf „Mühe" – sich „mühen"*

… oder sich die Angst aus der Kindheit in Erinnerung rufen, die man mittlerweile schon vergessen hat und über sich denkt, dass man ein angstloser „Held" ist, den nichts mehr überraschen kann … und sich dann selbst begegnen, ob es wirklich so ist, ob man nicht in einer Selbstlüge lebt und ob man unbewusst nicht alles dafür tut, solche Situationen zu umgehen.

Das ist ein gutes Beispiel. Weil, wenn ich mir bewusst wäre, dass die Situation, in die ich gleich hineingeraten werde, mir meine Angst widerspiegeln würde, die ich sorgfältig vor mir und anderen zu verbergen versuche, sogar so, dass ich dafür lieber auf meine Sehnsucht verzichte, meinen Traum opfere, dann würde ich mich wahrscheinlich schleunigst aus dem Staub machen, statt den Schritt nach vorn, der Konfrontation entgegen zu tun.

Genauso.

Und warum musste ich wegen Prag auf „Blödmann"[23] bzw. die „Blödfrau" umgeschaltet werden? Wovor wäre ich sonst weggelaufen oder was hätte ich nicht zugelassen?

Und du erwartest wirklich von mir, dass ich dir das sage? Wozu wärst du jetzt in diesem Moment auf der Seite des

---

23 *Es ist eine Anspielung auf eine österreichische TV Werbung eines großen Elektronikfachhandels. Dort wird im TV ein „Blödmann" gezeigt, dem der halbe Kopf, das halbe Gehirn durch einen Deckel ersetzt wird.*

Sich-bewusst-sein? Bewusstwerdung bedeutet doch nicht, dass jemand anderer jemandem sein eigenes Wissen vermittelt und der sagt dann: „Dankeschön, jetzt weiß ich schon wie, warum und wozu es so ist. Alles klar, alle meine Zweifel haben sich restlos verflüchtigt ..." **<u>Bewusstwerdung ist ein eigener persönlicher Prozess!</u> Impulse und Anstöße kann man von außen oder von innen bekommen. Aber erleben, erfahren, erkennen, sich bewusst werden muss jeder selbst, für sich selbst.**

Und mit dem letzten Satz könnten wir für heute auch Schluss machen ;)

DAMMBRUCH

Wie schon in den slowakischen Gesprächen erwähnt, war ich vor kurzem für zwei Tage in Prag. Dieser Besuch war mit einem großen Familientreffen verbunden, das anschließend in Bratislava seinen „krönenden" Abschluss fand – Abendessen in einer größeren Gesellschaft. Seit diesem Zeitpunkt scheine ich aus dem Gleichgewicht geraten zu sein. Es „plagen" mich Ängste und ein unbestimmtes Gefühl. So, als würde bald etwas Furchtbares geschehen. Und, obwohl ich zu wissen glaube, was ansteht, was ich tun soll, ist irgendetwas in mir orientierungslos und will, kann nicht in Gang kommen. Ich scheine gelähmt zu sein und doch nicht. Dementsprechend gibt es die passende Stimmung im Außen: düstere Wolken, sehr windig. In der Nacht gab es Gewitter mit starkem Regen. Nicht, dass ich solche Zustände nicht kennen würde.

Was mich stutzig macht, ist dieses Gefühl in mir, entfernt zu sein, ob von mir selbst oder vom Jetzt. Auch dieses Dunkle über mir, diese Vorahnung, dass etwas Schlimmes passieren wird. Das alles, obwohl ein anderer Teil in mir ruhig ist und ich keine konkreten Impulse habe; zumindest nicht solche, die mir bewusst sind. Ich bin absolut überzeugt davon bzw. ich vertraue darauf, dass ich immer und in jedem Augenblick geführt werde. Und wenn es irgendein „Unglück" geben sollte, dann hat das mit mir nichts zu tun. Ich vertraue darauf, dass ich geführt werden würde, um diesem „Schrecklichen" auf irgendeine Weise nicht zu begegnen, wenn meine Zeit dafür nicht gekommen wäre. Also, entweder steht mir etwas bevor, was ich ahne und was mit mir zu tun hat und das nicht sehr angenehm für mich sein wird – was ich aber als Solches seltsamerweise nicht spüren kann – oder ich weiß nicht, was sich da tut. Auf jeden Fall sind diese Empfindungen nicht angenehm; schon überhaupt nicht, wenn ich sie nicht zuordnen kann. Die Energie dahinter kann ich nicht einfach ignorieren. Sie ist so überpräsent, dass plötzlich der Spiegel im Badezimmer mit einem riesen Krach herunterfiel und zersprang. Ich weiß, es hört sich an wie ein alter menschlicher Aberglaube. Es könnte ein Zufall sein. Die Waschmaschine schleudert ja immer ganz schön und erzeugt passable Vibrationen, die sich bis zum Spiegel durcharbeiten konnten ... nun, Zufälle sollte es keine geben. Das haben wir schon mehrmals besprochen ... Was aber nicht heißt, dass an dem Aberglaube mit zerbrochenen Spiegeln etwas Wahres dran ist. Also: keine Ahnung, was los ist. Immerhin bin ich voller Zweifel darüber, was ich mache, was ich gemacht habe und was ich vorhabe zu tun. Und ich bin mir nicht sicher, ob es meine Zweifel sind, weil es mir so vorkommt, dass sie irgendwie von mir getrennt sind. Sie fühlen sich nicht wie meine „normalen" Zweifel an, sondern so, als würden sie irgendetwas kopieren, um mir Angst einzujagen. Aber was sollte mir Angst einjagen wollen und warum? Auch wenn ich es selbst bin, warum sollte ich es tun? Was die göttliche Führung betrifft, bin ich der Überzeugung, dass sie nicht mit solchen Mitteln wie Angst, Furcht und Verwirrung arbeitet. Aber was ist schon eine Überzeugung? Vielleicht habe ich mich falsch ausgedrückt. Vielleicht weiß ich es einfach, statt davon überzeugt zu sein.

Alles scheint mir konfus und unsicher zu sein. Als würde ich mitten im Ozean auf einem wackeligen Boot hausen und rund um mich ein unberechenbares Gewitter toben. Es donnert, es blitzt, es ist düster und unheimlich. Der Wind kann mich jederzeit vom Boot fegen. Die Wellen können mich jederzeit vom Boot spülen. Und trotzdem habe ich das Gefühl, dass es nur rund um mich herum ist und dass es, wie durch eine Zauberhand, das kleine Bötchen gar nicht betrifft. Was ist da los? Wie siehst du es? Hilfst du mir bitte Klarheit zu finden?

Ahoi (!) auf deinem Bötchen :)

Ich würde dich gern gleich am Anfang korrigieren und dein „Bötchen" lieber wie ein ordentliches Schiff beschreiben. Es muss schon eine gewisse Stabilität haben, um den von dir beschriebenen Phänomenen Stand zu halten. Und auch, wenn du nicht weißt, wie es weitergeht und ob es dein Boot bald auch trifft oder nicht, scheinst du bisher trotz des Gewitters ganz gut mit dem Schiff klarzukommen. Also kann es nicht nur so irgendeine Schaluppe sein. Soviel zu deinem Bild.

Was das andere betrifft, ist dein Gefühl, wie so oft, richtig. Ja, es tut sich „was". Aber was? Und was hat „das" mit dir zu tun? Warum diese Verwirrung? Warum diese seltsame, düstere Weltuntergangsstimmung?

Die Gründe können in so einem Fall verschieden sein.

Wir haben schon darüber gesprochen, dass deine Welt von einer Seite zur anderen und über diese Seite dann zur nächsten Seite – also über bestimmte Grenzen – reicht, wo auch immer die Enden von deiner Welt sein sollen. Und irgendwo in dieser deiner Welt scheint sich etwas zu tun. Nur: wo und warum und was sind bzw. werden die Folgen sein? Wie sollst du damit umgehen?

Zuerst einmal die Frage, warum es dieses Gewitter in einer Ecke deiner Welt gibt. Schauen wir uns als Parallele das normale Wetter an, was nichts anderes ist, als das sichtbare Symbol von dem, was auch hinter den Kulissen passiert. Die Meteorologen wissen, dass ein Gewitter meistens dann entsteht, wenn zwei Fronten aufeinander treffen oder dann, wenn sich viel Spannung angesammelt hat, die sich entladen muss. Und **eine Spannung entsteht nicht so von ungefähr**. Eine Spannung sammelt sich aufgrund von verschiedenen Energien oder zwei Fronten an. **Eine Spannung ist in gewissem Maße ein Produkt der menschlichen Phantasie, weil es die Geschichten im Inneren des Menschen** spannender macht und dadurch hilft, die Aufmerksamkeit des Menschen auf Trab zu halten bzw. zu der „spannenderen" Geschichte zu lenken. Ist die Geschichte endlos „spannend", wie bei guten Sitcoms, kann zweierlei passieren. Entweder flaut das Interesse ab, die Konzentration des Menschen kann nicht mehr zu Gunsten der „Geschichte" weiter gehalten werden oder man steigert sich hinein, lebt mit der Geschichte mit, identifiziert sich mit ihr und beginnt, seine eigenen Lösungen innerhalb der Geschichte zu suchen. In beiden Fällen muss mit der Spannung, die aufgebaut wurde, etwas passieren. Spannung, in welcher Form auch immer, ist eine Energie, eine Ladung, irgendetwas Aufgesammeltes, das den natürlichen Fluss der Energie, die normalerweise in Bewegung ist und fließt, blockiert. Alles, was gebunden wird, sich (auf)sammelt oder (auf)staut, fließt nicht, ist nicht frei. So entstehen Blockaden – wie Staudämme, die es überhaupt erst möglich machen, dass sich etwas aufsammeln, aufstauen kann. Ohne sie würde das Wasser, die Energie, Gefühle, Gedanken etc. doch weiterfließen.

Was passiert aber, wenn eine solche Ansammlung, so ein Stausee, gefüllt mit verschiedenen Energien, die man zurückhalten wollte, plötzlich dabei ist, sich zu verselbständigen, zu entladen, zu befreien, abzufließen? Die Blockaden, also die Staudämme müssen geöffnet, aufgehoben bzw. aufgebrochen werden, damit alles, was abfließen soll, auch abfließen kann. Aber was fließt denn dann raus? Das Wunderschöne, Klare,

Vitale? Oder all das, was man entweder aus Angst, Sorge, Zurückhaltung, Gier, Sucht und verkehrten Vorstellungen und Beweggründen zurückgehalten hat? Egal wie edel die Energie am Anfang war, die man für sich zu retten, aufzuheben, aufzusparen, zurückzuhalten versuchte ... sie wurde letztendlich durch eigene bewusste bzw. unbewusste Absichten gefesselt und/oder versklavt bzw. durch Angst, Sorgen, Gier, Wut usw. markiert. Es wurde alles mit der Energie der Angst, Sorgen, Gier, Wut gemischt, kombiniert, belegt. Reine Liebe kann man nicht (zurück)halten. Liebe ist das, was immer fließt – genauso, wie man das Leben nicht (zurück)halten kann. Da man sie nicht zurückhalten kann, ist das, was sich in dem „eigenen Becken" angesammelt hat, alles andere als Liebe und Leben, auch wenn vielleicht die ersten Staudämme gerade aus der Absicht heraus aufgebaut worden sind, die Liebe und das Leben zu schützen, zu (aufzu)bewahren, sich ein kleines Stückchen davon für sich selbst zu „stehlen". Und so ist nicht verwunderlich, dass man sich irgendwann einmal auf so einer „Lebensinsel" auf einmal von allerlei Lebensformen und Liebesformen abgeschnitten fühlt und über die eigens aufgetürmte Mauer nicht mehr drüber sieht.

Allerdings hat so eine Mauer zwei Seiten. Auch wenn von der einen Seite, z.B. von der inneren, noch kein Druck besteht, weil noch nicht so viel Aufgestautes drin ist, ist die gleiche Mauer von außen für jemanden ein störendes Element, das den natürlichen Fluss von Energie behindert. Der Druck auf die Außenmauer steigt ... bis er so groß wird, dass die Mauer nachgibt, nicht standhalten kann und dann geschieht es, dass innerhalb nur eines winzigen Augenblicks sich all das, was eine Zeitlang getrennt und nach Vorstellungen von jemandem schön geordnet war, damit beginnt, sich wieder zu vermischen. Eine Zeitlang herrschte eine künstlich herbeigeführte Ordnung. Jede Seite passte sich dem (Mauer) Umstand entsprechend an ... und dann das! Alles vermischt sich plötzlich. Ein Durcheinander und Chaos – überall ... wo das Auge nur sehen und nicht sehen kann.

Wenn ich richtig verstehe, kann dieses unheimliche Gefühl, dass bald ein Unglück geschieht, mit einem Dammbruch oder dem Fall irgendeiner Mauer etwas zu tun haben?

Wie immer, ja und nein. Zuerst müsste man wissen, wo man sich gerade befindet, also woher dieses Gefühl kommt. Wie du schon trefflich beschrieben hast: du spürst es, nimmst es wahr. Aber gleichzeitig hast du den Eindruck, dass du davor verschont bleibst. Nirgendwo empfängst du einen Impuls, dass du in Deckung gehen sollst. Also wird es höchstwahrscheinlich nicht in deiner unmittelbaren Nähe passieren. Daraus kann man schließen, dass es höchstwahrscheinlich nicht deine Dämme sein werden, die reißen oder reißen werden. Was aber nicht heißt, dass es dich nicht beeinflusst oder deine Welt von den Folgen des Dammbruchs verschont bleibt. Wie schon mehrmals gesagt: **Alles hängt mit allem zusammen, ob man es gern so haben möchte oder nicht.**

Die von dir empfangene Angst kann auf den Ahnen basieren, dass der sich nähernde Dammbruch nicht in eigener Regie passiert, sprich: einem die Kontrolle darüber entzogen wird. Man kann es selbst nicht wie gewohnt steuern, dem entgegenwirken, es berechnen, sich dementsprechend einrichten. Schon überhaupt nicht dann, wenn einem verborgen bleibt, von wo der Wind kommt/weht.

Aber ich spüre gleichzeitig in mir meine eigene Angst um die Person, die es betrifft – wenn es überhaupt eine Person ist. Es ist ein furchtbares Gefühl für mich, dazustehen und nichts tun zu können, obwohl ich zu wissen glaube, dass es demjenigen nicht gutgehen wird. Aber ich weiß, es muss wahrscheinlich so kommen. Man/ich kann nichts tun – sonst hätte ich doch den Impuls, etwas zu tun. Was ist mein Part dabei? Was soll ich mit meiner Angst tun?

In erster Linie verrät dir die Angst, dass es für dich nicht leicht ist, zuzuschauen und Dinge geschehen zu lassen, die du aus deiner eigenen Sicht und Erfahrung als bedrohlich, schmerzvoll bzw. unangenehm wertest. Du darfst aber nicht vergessen, dass die Intensität der aufgeladenen Spannung und die damit verbundene Wucht des Bruchs oder des Falls, die du in deiner Welt als so „tragisch" bzw. intensiv wahrnimmst, weil du so bist und deine Sensibilität und Empfindung sowie deine Reaktionsgrenzen sich in gänzlich anderer Dimension bewegen als dort, von wo die Spannung stammt. Hätte dieser unter (Hoch) Spannung stehende Mensch eine niedrigere Schmerz- bzw. Empfindlichkeitsgrenze, hätte sich die Spannung doch logischerweise früher entladen. Die „Ladung" hätte dann nicht so „groß" werden müssen, weil es für ihn schon früher unangenehm, nicht zum Aushalten, zu ertragen gewesen wäre. Also ist diese Dosis genau diejenige, welche dieser Mensch braucht, damit er loslässt, nachlässt oder was auch immer. Und nicht vergessen: Er hat es selbst bestimmt, wann das (sein) Fass übervoll ist. Er hat die Barrieren, die Dämme, die Mauern – aus welchem Grund auch immer – selbst aufgebaut. Er ist der Errichter, der Baumeister. Er hatte die Schleusen, die Drehknöpfe selbst in der Hand. Er hätte selbst jederzeit die Menge, den Druck und die Tiefe regulieren können. Er hätte es selbst nicht so weit kommen lassen müssen, hätte er nicht vergessen, dass er selbst der Errichter war/ist oder dass da überhaupt ein Damm ist. Hätte er nicht angefangen, an die willkürlichen, ungünstigen Launen des Lebens, an das harte Schicksal zu glauben, hätte er diese Möglichkeiten noch gehabt.

Aber wie am Anfang gesagt: **Man sieht dann meistens nicht mehr über die eigene Mauer drüber und sieht nur**

mehr das, was sich in dem Aufgestauten spiegelt – und das ist die eigene unerlöste Welt.

Okay. Aber wenn wir mich als ein Beispiel nehmen: Würde ich jetzt bei mir so einen Teich errichten, der nur aus meiner zurückgehaltenen Wut und nicht ausgeweinter Trauer bestehen würde, um meine Umwelt mit meiner Wut und Trauer nicht zu belästigen, oder zu infizieren ..., wenn jetzt solche/ meine Dämme brechen würden, passiert nicht gerade dann das, weswegen ich den Teich errichtete? Nämlich, dass meine Wut und meine Trauer auf die restliche Welt los-/freigelassen wird, sich dort breit macht? Ich meine, wie kommt die restliche Welt dazu?

Aber meine Liebe, du hast gerade vergessen, dass alles mit allem zusammenhängt. Dass du zum Beispiel wütend oder traurig geworden bist, geschah meistens auch durch Einflüsse oder Impulse von außen bzw. von anderen. Das heißt selbstverständlich noch lange nicht, dass sie begründet waren. Aber egal ob begründet oder unbegründet; in dir haben Impulse, Informationen, Situationen, Eindrücke von außen das verursacht, was sie verursacht haben, weil du so bist wie du bist. **Eine Aktion verursacht eine Reaktion. Jeder Mensch ist so wie er ist und keiner hat einen Grund, sich des Selbstes zu schämen oder nicht er selbst sein zu wollen. Jeder hat das Recht (es geht gar nicht anders), so zu reagieren, wie es ihm eigen ist. Aufgrund des Resonanzgesetzes**

wissen wir doch, dass ihm sowieso nur das begegnet, was er braucht. Genauso wie er selbst nur solchen Menschen begegnet, die ihn genauso brauchen, wie er ist. Also warum sollte man sich zurückhalten oder seine Umwelt vor sich oder bestimmten Teilen, Reaktionen, Launen von sich selbst schützen, wenn es gerade das ist, was die Umwelt von einem braucht – man selbst?!

Ja gut. Aber baut nicht jeder Mensch seine Begrenzungen, Schutzmauer(n), Auffangdämme gerade deswegen, weil er so ist wie er ist? Sie spiegeln doch auch nur seine Einstellung, seine Problematik, oder?

Ja, das ist richtig ...

Okay. Bleiben wir noch bei meinem Beispiel, sonst wird es mir zu kompliziert. Ich baue also meinen Wut- und Trauerteich aus meinem Bedürfnis heraus, die Außenwelt vor mir zu beschützen, weil ich halt so bin wie ich bin und es mein Bedürfnis ist. Und dann auf einmal bricht der Damm ein und ich bin aber noch immer so wie ich bin und ...

Na ja, in solchen Fällen gibt es verschieden Spezialisten ;) Die einen beginnen sofort mit den Reparaturen, versuchen alle Ecken zu flicken, eilen von einem Loch zum anderen usw. Andere versuchen vor den Auswirkungen zu flüchten bzw. beginnen sofort damit, neue Deiche zu errichten. Nur wenige bleiben stehen und schauen dem ganzen Schauspiel zu, in fester Überzeugung, es geschieht gerade das, was geschehen soll.

Ja. Ich stehe, schaue und nehme die Herausforderung an, weil ich erkannte oder weil ich einfach nicht mehr hinter der Mauer leben will. Das erste Gewitter zieht vorbei und ich mache meine ersten Schritte in die Welt hinaus. Begegne ich dort nicht zuerst an jeder Ecke meiner sich ausbreitenden Wut und Trauer? Lauern diese nicht überall auf mich, damit sie mir den Grund bestätigen, warum ich mich zuerst samt meinem Unrat eingesperrt habe?

Das sind Bedenken der „verkehrten" Logik. Wir haben doch gesagt, dass du **nur eine Reaktion auf eine Aktion zurückgehalten hast, die jemand höchstwahrscheinlich schon irgendwo erwartete.** Das heißt, dass du jemandem nur deine Reaktion vorenthalten hast, weswegen er dich zum Beispiel an deiner wunden Stelle getroffen hat. Also kann es sein, dass du einen Schritt in die Welt hinaus machst und anstelle von Wut und Trauer der Erleichterung, dem Frieden und der Dankbarkeit begegnest, egal wie seltsam es auch für euch Menschen klingen mag. Frieden, weil die Energie endlich ihre Bahnen entlang fließen kann. Erleichterung, weil sich der Druck befreien konnte, weil das Zerren und Fordern von außen nachgelassen hat, da jeder doch endlich das bekommen hat, was er wollte oder brauchte. Letzteres entspricht dann der Dankbarkeit. Ist das nicht großartig, meine Liebe?

Na ja, so eine Art von Denken ist, glaube ich, uns Menschen wirklich sehr fremd – verkehrte oder welche Logik auch immer – hin oder her. Dass man für Wut oder Aggression gegebenenfalls Frieden und Dankbarkeit bekommen kann, das grenzt wirklich an ein Wunder. Ich würde dafür nicht die Hand ins Feuer legen.

Du sagst es. Deswegen weißt du, warum dich Ängste und Befürchtungen plagen, dass etwas Schlimmes passiert oder dir begegnet.

Das ist heute alles. Lass es wirken. Wir werden sehen, wie es sich morgen anfühlt.

Danke!

DAS SCHWEIGEN

Seit den letzten Gesprächen hat Einiges in mir gearbeitet und gestern erreichte es den Höhenpunkt. So scheint, dass der Prager Nepomuk[24] in mir das Thema des Schweigens, des Nichtsagens und des Bewahrens der Geheimnisse an die Oberfläche gebracht hat. Obwohl, wie ich nachgelesen habe, sein Mythos historisch nicht besonders belegt ist, dass er gefoltert wurde, weil er das Beichtgeheimnis der Königin nicht verraten wollte. Das hat nicht verhindert, dass meine Aufmerksamkeit, mein Bewusstsein in diese Richtung gelenkt worden sind. Einige Tage hat es gedauert bis die Erkenntnislawine in Bewegung kam und zumindest den ersten Teil meiner eigenen „Schweigethemen" an die Oberfläche brachte. Als Kind wurde ich dazu erzogen, in bestimmten Situationen zu schweigen, die Zunge im Zaum zu halten ... und wie mir jetzt bewusst wurde, hatte es verschiedene Gründe. Einer davon war sicherlich die Angst

---

24 **Johannes Nepomuk**, auch **Johannes von Nepomuk** *(tschechisch: Jan Nepomucký, auch Jan z Pomuku oder Jan z Nepomuku, * um 1350 als Johannes Welflin oder Wolfflin in Pomuk bei Pilsen; † 20. März 1393 in Prag) war ein böhmischer Priester und Märtyrer. Er wurde 1729 von Papst Benedikt XIII. heiliggesprochen. Nach der Legende, die zur Heiligsprechung des Johannes von Nepomuk führte, entsprang sein Streit mit dem König nicht dem kirchenpolitischen Konflikt, sondern seiner Weigerung, das Beichtgeheimnis zu brechen. Demnach habe der Priester dem König nicht preisgeben wollen, was dessen von Wenzel der Untreue verdächtigte Frau ihm anvertraut habe. Deshalb habe Wenzel ihn foltern und anschließend von der Prager Karlsbrücke ins Wasser stürzen lassen. (Quelle: Wikipedia)*

vor sogenannten Repressalien des damaligen Regimes, weil ein Mensch für seine Überzeugung, seine Meinung und nicht konformen Gedanken verfolgt und gesellschaftlich vernichtet bzw. verurteilt und ins Gefängnis eingesperrt werden konnte – wie man am Schicksal des späteren Tschechoslowakischen und in weiterer Folge Tschechischen Präsidenten, dem ehemaligen Dissidenten Vaclav Havel sehen konnte. Als Kind erfuhr ich: Was man zu Hause spricht, bleibt auch zu Hause und das, was draußen und in der Schule gesprochen wird, das braucht man nicht zu glauben.

In den deutschen Gesprächen haben wir vor ein paar Tagen den Staudamm beschrieben, den sich ein Mensch aufgrund der eigenen Überzeugungen selbst aufbaut; ein Damm, der wie ein Auffangbecken funktioniert, der alles sammelt, was ein Mensch nicht heraus(ent)lassen bzw. es verstecken, beschützen, sammeln will. In der deutschen Version haben wir darüber gesprochen, dass, wenn ein Mensch in sich zum Beispiel Ärger, Aggression oder tiefe Trauer ahnt, also nicht gerade positive Emotionen in sich hegt, und mit ihnen seine Umwelt nicht belästigen möchte, dann beginnt er ein Gefäß zu kreieren, in das er diese Emotionen abzulegen, abzusperren beginnt, um die Umgebung so vor den eigenen Launen und „Anfällen" zu schützen. Selbstverständlich hat es keinen Sinn, hier noch einmal alles zu beschreiben. Aber ich ziele dorthin, dass gestern, nach langem, ausgiebigem Wandern, das meinen Kreislauf endlich auf Hochtouren brachte, es mir so schien, dass auch in mir ein Damm bricht. Aber überraschender Weise kamen nicht, wie gewohnt, gestaute, alte Emotionen hoch, sondern zurückgehaltene, nicht ausgesprochene bzw. totgeschwiegene Informationen. Es ging um keine besonderen Weisheiten, da der Boden dieses Schweigegefäßes bereits in meine frühesten Kinderjahre zurückreichte, wo ich bereits verstand, dass nicht alles, was aus meiner Kehle kam, was mir auf der Zunge lag, auch gehört werden wollte – ob von der Umwelt oder auch von mir selbst. Die Konsequenzen, wenn ich nur einfach drauflos brabbelte, waren nicht besonders angenehm. So begann ich schon damals mit einer Autozensur, die, wie ich jetzt erfuhr, meine häufige Angina, Bronchitis, Verkühlungen, Erstickungsgefühle, Entzündungen und Knoten im Hals bewirkte.

Obwohl mir gewisse Dinge gestern klarer wurden, kommt es mir so vor, dass bei mir hinter diesem Thema noch etwas anderes ist; etwas, das mir nicht bewusst wurde, das ich nicht direkt ansehe, sondern nur so als ob, ums Eck. Was sagst du dazu?

Meine Liebe, selbstverständlich dass **solche Informationen, die sich bei der Verschiebung der Aufmerksamkeit zu einem bestimmten Thema befreien, sich auf einer Ebene des Bewusstseins bewegen und von dort ihren Sinn transportieren.** Heute haben wir uns getroffen, damit wir die Ursachen und Gründe deines Schweigens und seine

Berechtigung oder Nichtberechtigung besprechen, damit du nicht mehr dort im Dunkeln tapst, wo du deinem Gefühl nicht vertraust, noch keine Klarheit hast. Der zweite Themenpunkt für heute ist das Beleuchten der Wirkung des erzwungenen, unfreiwilligen Schweigens; es wirkt ähnlich wie jeder andere blockierte Energiefluss auf den menschlichen Organismus, sein System und damit auch auf seine Gesundheit (wie du schon mit deinen unzähligen „Verkühlungen" in der Kindheit und Jugendjahren angedeutet hast), wie auch auf seinen Prozess der Bewusstwerdung und das Erkennen der Zusammenhänge.

Damit wir uns anschauen können, was so ein Schweigen überhaupt ist, sollten wir uns zuerst ansehen, was Schweigen nicht ist bzw. weshalb es ursächlich überhaupt zum Schweigen kommt.

Das Schweigen basiert auf einer Vorstellung, dass etwas, das ausgesprochen werden konnte/sollte, nicht ausgesprochen werden soll. Wenn es im Geiste, „im Hals" oder „auf der Zunge" – bzw. in der Seele – keine Information gibt, dann kann es nicht zum Schweigen kommen, obwohl der Mensch nach außen genauso erscheint als würde er schweigen, nichts sagen. Er schweigt jedoch nicht, er spricht nur einfach nicht, weil nichts da ist, was er zu sagen hätte. **Nicht zu sprechen ist also nicht mit dem Schweigen gleichzusetzen.** Und so kommen wir zum Kern der Sache:

Was für einen Grund haben wir, das was uns schon auf der Zunge liegt, was wir meinen bzw. die Seele sagen will, nicht zu sagen?

Hier sollen wir von dem Nichtverstehen, also aus der menschlichen Vorstellung ausgehen, von wo Gedanken, Informationen oder Worte, die mit Hilfe der Zunge nach außen drängen kommen. Obwohl Millionen Menschen, unabhängig von ihrer Überzeugung, Mentalität und Sprache, täglich erleben, dass sie spontan etwas aussprechen, was sie vorher gar nicht gedacht, gar nicht durchdacht, geplant haben, also dass aus ihren Mündern etwas kommt, über das sie sich im Nachhinein oft selbst wundern, von wo es eigentlich kam und warum ausgerechnet in dem einen oder anderem weniger passenden Moment. Kopfschüttelnd hören sie sich selbst erstaunt zu, was da aus ihnen herauskommt, über das sie öfters keine Kontrolle zu haben scheinen.

Dazu sollen wir wissen, dass einzelne Worte, Gedanken, wie auch alles andere, eine Art Energie darstellt und die Energie ist etwas, was gerne fließt und in Bewegung ist. Wie schon bei dem anschaulichen Beispiel des Dammes, können wir uns vorstellen, dass ein Fluss etwas ist, das man nur mit Hilfe einer Blockade, einer Barriere, einer Begrenzung anhalten kann. So kann man einen natürlichen Fluss scheinbar unterbrechen und eine bestimmte Energie auffangen, sie sammeln, nicht weiter fließen lassen. Eines ist aber gewiss und das wissen heute auch die Physiker: Energie verschwindet nur so einfach nicht, sie verdampft nicht. Wenn, dann wandelt sie sich um, transformiert, verschiebt sich. Und mit den Worten, Ideen, Informationen oder auch Emotionen ist es nicht anders.

Schweigen ist also nichts anderes, als das Abfangen und Sammeln von etwas, was hätte ausgesprochen werden oder sogar gedacht werden können. Ja, es gibt unter euch einige Spezialisten, die in sich lieber bereits mögliche keimende Gedanken ersticken, bevor aus ihnen etwas in unkontrollierter Form ausfließt. Sprich: Bevor sie etwas denken, dass sie später aus welchen Grund auch immer durch das Aussprechen in Schwierigkeiten bringen könnte, verbieten sie sich, überhaupt zu denken oder lernen sogar ihre Gedanken zu filtern, sie nicht durchzulassen. Hier können wir uns vorstellen, dass so etwas eine künstliche Blockade darstellt, die den natürlichen Fluss verhindert und einen unangenehmen Einfluss auf die menschliche Gesundheit, seine Vitalität, Intelligenz und Denken haben kann, weil alles, was künstlich und aufgrund von Angst bzw. Ablehnung gebildet wurde, für einen Menschen unnatürlich ist und auf ihn nicht förderlich und belebend wirkt.

Weiter wäre es gut, sich bewusst zu werden, was sich ein Mensch so vorstellt, wie das so mit dem Universum, mit dem Kosmos oder mit der göttlichen Energie ist. Sprechen wir darüber, was über dem Ganzen steht, aus dem alles entspringt. Wo ist der Anfang und wo ist das Ende? Basiert vielleicht das aktuelle menschliche Verständnis von Anfang und Ende nicht auf der verkehrten Logik? Das, was hinter allem, also auch hinter dem Anfang und dem Ende ist, habt ihr gelernt, Gott zu nennen oder die göttliche Energie. Also bleiben wir jetzt eine Weile bei dieser Bezeichnung, damit wir uns synchronisieren.

Jetzt geht es darum, dass wir uns bewusst werden, was für wen diese göttliche Energie bedeutet, was sich wer darunter vorstellt, auf welchen Prinzipien sie funktioniert. Was sind göttliche Gesetze, über die manche so gerne polemisieren? Hier an dieser Stelle bitte ich dich, meine Liebe, wenn du so nett wärst uns zu beschreiben, was für dich die Bezeichnung göttliche Energie bedeutet ...

Das ist aber nicht nett von dir. Ich fühle mich wie in der Schule, vor einer Prüfung, die noch dadurch erschwert wird, dass ich sie in einer anderen Sprache ablegen soll, als in der ich mich auf die Prüfung vorbereitet habe. Es ist wirklich interessant, dass schon alleine die einfache Bezeichnung „göttliche Energie" in slowakischer Sprache für mich eine andere Qualität als in Deutsch hat. Dadurch bin ich mir nicht sicher, welche Qualität ich hier beschreiben soll. Und noch mehr verwirrt mich, dass, wenn wir über die eine Energie sprechen wollen, die hinter allem ist, also auch hinter meinen slowakischen und auch hinter den deutschen Welten, ich zu ihr eigentlich ein gleiches Gefühl haben sollte – ob hier oder dort – sie gleich wahrzunehmen. Weil es mir so vorkommt, als würde ich in meiner Vorstellung zwei Götter haben, einen slowakischen und einen deutschen bzw. österreichischen, was selbstverständlich Blödsinn ist. Also bitte ich zuerst um deinen Blick auf diese Sache ...

Blödsinn hin oder her – es ist dein Gefühl, dein Empfinden und das ist das, um was es hier geht. Warum, weswegen, wozu, wie kann es sein und tausend andere Fragen – die können wir bis in die Morgenstunden diskutieren. Wir sollten uns darauf fokussieren, was gerade ist. Wenn wir in vorigen Kapiteln sagten, dass alles einen eigenen Sinn hat, dann hat selbstverständlich auch dein Empfinden einen Sinn und es ist sicher nicht verkehrt, ihm zu vertrauen. Eher umgekehrt. Wir beschließen, ihm zu vertrauen, dass er uns genau dorthin führen wird, wo wir es heute brauchen. Und weil wir uns heute auf deiner slowakischen Seite bewegen und du hier bist, um dir der Dinge aus der slowakischen Seite bewusst zu werden, derer du dir auf der deutschen nicht bewusst bist, so ist es sicherlich nicht verkehrt, wenn du mit der Beschreibung des „slowakischen Gottes" oder der slowakischen „göttlichen Energie" beginnst und wir werden sehen, wo wir anschließend landen.

Ich spüre schon jetzt, wohin es führt. Vor allem habe ich dabei ein schlechtes Gefühl, wenn ich ihn als "slowakischen Gott" bezeichne. Es kommt mir der Ketzerei gleich, obwohl ich gar nicht weiß woher ich das Wort "Ketzerei" habe, das ich noch nie benutzt und nie ausgesprochen habe. Durch die sozialistische Schule kamen sicher nie solche kirchlichen Begriffe in meinen Verstand. Und was mich noch mehr beunruhigt ist, dass ich weiß, dass wenn ich "normal" bin – also außerhalb von diesen Gesprächen – habe ich von Gott nicht die Vorstellung, dass Er jemand ist, vor dem ich irgendwie ketzerisch sein könnte. Schon wieder dieser Begriff! Umso öfter ich ihn benutze, umso weniger verstehe ich seinen Sinn – er entspringt sicher nicht meiner eigenen "Datenbank". Was ist mit mir los?

Nichts Schreckliches meine Liebe, nur das Sich-selbst-bewusst-werden und das Sich-bewusst-werden dessen, dass in deiner eigenen Welt Stellen sind, die nicht mit deiner eigenen Energie, deinem Bewusstsein gefüllt sind, sondern mit fremden Vorstellungen. Dieses, dir fremde Wort, das dir schrecklich verstaubt, alt, mittelalterlich, kirchlich vorkommt, konnte dir nur deswegen einfallen, weil es sich irgendwo in deiner Welt, aus einem bestimmten Grund befindet. Und es geht auf jeden Fall nicht nur um ein Wort, sondern um damit verbundene Gedanken und Vorstellungen. Und obwohl alles, was mit diesem Begriff verbunden ist, dir, deiner Überzeugung, deiner Vorstellung, deinem Empfinden und Fühlen, deinem Bewusstsein und Wissen fremd ist, trotzdem wirkt es unauffällig in deinem

Unterbewusstsein und hat Einfluss auf deine Welt, dein Tun und Denken und was noch interessanter ist, es ist unabhängig von den Grenzen, unabhängig von der Seite, auf der du dich gerade befindest, weil, wie wir schon gesagt haben: Grenzen können letztendlich den Fluss der Energie und ihre Wirkung nicht stoppen – egal auf welchen Vorstellungen diese Grenzen basieren.

Alles, was ein Mensch nicht (an)sehen, nicht wissen, sich nicht bewusst werden möchte, verjagt er in sein Unterbewusstsein und nimmt dann irrtümlich an, dass es weg ist. Die verkehrte Logik ist hier am Werk. Alles, was er gemeint hat, ausgesperrt und verjagt zu haben, wirkt weiter „unkontrolliert", unbeachtet, unbewusst unter der Oberfläche und er wundert sich dann, warum ihm das und das geschieht, das mit ihm eigentlich nichts zu tun hat/haben sollte.

Was dich betrifft, meine Liebe, hat dir ein einziges Wörtchen (die Ketzerei) viel darüber verraten, was sich in deinem Unterbewusstsein zu dem Thema Gott und göttliche Energie tut. Es sagt, dass sich dort viele Vorstellungen über den mahnenden, strafenden, verbietenden Gott befinden – weil: wie sonst hätte man ketzerisch sein können. Obwohl du dich in deiner „deutschen" Welt zu einer freieren, liebevolleren Version von Gott entwickelt hast, trotzdem hast du in gewissen Situationen auch auf der deutschen Seite, und auch dann, wenn du dich gerade auf Deutsch unterhältst, eine unbewusste Angst, etwas Falsches, Schlechtes, Unrichtiges zu sagen und/oder zu tun. Trotz des Bewusstseins darüber, dass es die eine Ebene gibt, die nicht wertet, nicht verurteilt, eine Ebene des Lebens, wo das Leben so ist wie es ist. Jedes Mal aufs Neue wunderst du dich, warum dich Schuldgefühle und Zweifel zu quälen beginnen, sobald du etwas Unübliches schreibst und du dann am liebsten die Hälfte umschreiben bzw. streichen würdest. Du alleine quälst dich, weil du nicht verstehst, warum, wenn du dich auf einer Seite weißt, alles in Ordnung ist, warum doch irgendwo in einer Ecke deiner Seele ein Zweifel darüber besteht, ob du doch nicht etwas Falsches, Verkehrtes, Verbotenes getan hast. Aber jetzt sollte dir schon klar sein, um was es geht. Irgendwo in der Tiefe schläft in dir die Vorstellung einer berechtigten Strafe, eine Vorstellung der Nichterfüllung, Nichteinschätzung, Nichtgehorsamkeit gegenüber den göttlichen Anweisungen und Regeln und es ist völlig egal, ob so eine Vorstellung deine ist oder jemand anderem gehört. Wichtig ist, dass sie irgendwo in dir (gepflanzt) ist und dort auch wirkt. Gewisse Überzeugungen erbt ein Mensch genetisch von seinen Vorfahren, andere kommen in sein Bewusstseinsfeld auf anderen Wegen, aber wie wir schon mehrmals sagten: Nichts ist ein Zufall und hinter allem ist ein Erleben und das Selbsterfahren und Selbsterkennen, was in diesem Fall bedeutet, dass auch fremde Programme helfen können, sich selbst zu erkennen, zum Beispiel: wie weit lässt sich jemand von seiner eigenen Wahrheit wegführen, wieweit es ihn beeinflussen, verwirren kann und wann und wie gelingt es ihm sich zu merken, zu sich zurückzukehren und die eigene Wahrheit (wieder)zu entdecken.

Hättest du selbst heute geschwiegen und behauptet, dass du auf Slowakisch deine Vorstellung von Gott nicht erklären kannst, hättest du deinem Sich-bewusst-werden nicht erlaubt, dir zu erklären und sichtbar zu machen, was alles noch auf dein Tun einwirkt und warum du in deinem Auftreten, deinem Handeln trotz unerschütterlichem Vertrauen nicht frei bist.

Brutal gesagt bedeutet es, dass **ein Mensch fähig ist, seine eigene Entwicklung, seine Bewusstwerdung, sein Selbsterkennen und Selbsterfahren totzuschweigen** – und das, das ist eine gravierende Sache!

Heute ging es uns nicht darum, verschiedene Situationen und Arten des Schweigens und ihre (Nicht)Berechtigung zu besprechen. Heute ging es darum, die möglichen (Aus)Wirkungen und Konsequenzen des Schweigens aufzuzeigen.

Zum Schluss möchte ich noch eine wichtige Sache erwähnen; und zwar, dass aus meiner Sicht der Dinge **die Erlösung des Schweigens nicht im Alles-zu-erzählen bzw. Alles-zu-verraten liegt!** Wie immer geht es darum, die Absicht zu haben, der inneren Stimme, der Intuition, der inneren Führung zu folgen und das auszusprechen, was gerade ausgesprochen werden will/soll und dem zu vertrauen, was sich durch die Kehle im Augenblick den Weg nach außen bahnt, und zu verstehen, dass es einen Sinn hat, warum es gerade in diesem Moment und in der jeweiligen Situation geschieht. Selbstverständlich ist jeder seines Lebens Meister, aber mir persönlich erscheint es nicht besonders sinnvoll, das zu unterdrücken, was an die Oberfläche, ins Bewusstsein möchte.

Blockade

Gestern haben wir in den slowakischen Gesprächen zum Thema Schweigen geschrieben. „Zufälligerweise" hast du mich dorthin geführt, dass ich erkläre, was für mich das Göttliche, was ich unter göttlicher Energie verstehe. Es war gar nicht so einfach, weil es sich herausstellte dass mein „deutsch/österreichisches" Gefühl zu diesem Thema mit dem „slowakischen" nicht identisch ist. Besser gesagt: Wir sind dorthin gekommen, dass ich erkannt habe, dass sich in meinem „slowakischen" Teil der Welt einige sozusagen Virusprogramme verstecken, die mich unfrei sein lassen und die aus der Ecke der Vorstellungen über das Göttliche kommen. So habe ich entdeckt, dass in meiner Welt sozusagen statt mir, irgendetwas anderes noch an die göttliche Strafe und wahrscheinlich auch an die Sünde usw. glaubt, obwohl in meinem eigenen, aber scheinbar nur „deutschen" Verständnis, oder so wie ich jetzt bin, es nicht der Fall ist. Meinem Empfinden nach habe ich ein stark ausgeprägtes Gefühl zum verständnisvollen, liebenden und vertrauenswürdigen ALLES WAS IST. Und trotzdem hast du mir aufgezeigt, dass sich in meiner Welt etwas als „slowakischer Virus" manifestierte. Etwas, was auch in meiner „deutschen" Welt auf mich Einfluss hat und, dass es solche Momente sind, wo ich am Verzweifeln bin und mich trotz meines Wissens und meines Vertrauens total unfrei fühle. So scheint logisch erklärbar zu sein, warum es für mich manchmal sehr schwierig ist, einen neuen Schritt zu wagen bzw. wenn er doch getan wird, warum mich sofort Zweifel überkommen und ein unheimlich schlechtes Gewissen mein Wesen zu plagen beginnt, als würde etwas über mir gleich die große Strafe, die Strafe des zornigen Gottes kommen sehen. Und ich stehe nur hilflos da und verstehe meistens nicht, wie es möglich ist – weil in meiner Welt doch kein zorniger, strafender Gott existiert.

Wie auch immer – wo ich hinwill ist das Heute. Nach dem gestrigen Gespräch geht es mir sehr ungut. Es tauchten in mir alle möglichen Ängste und seltsame Gefühle auf. Ich fühle mich, als hätte ich mich mit einem Schlag in ein kleines Mädchen verwandelt bzw. nicht einmal in irgendein kleines Mädchen, sondern in mein eigenes Ich, so ca. vor dreißig, fünfunddreißig Jahren. Mein Herz blutet, die Tränen sind immer sofort da, ich kann kaum durchatmen, irgendetwas scheint mich zu erdrücken. Und dann tauchen diese alten Situationen mit verschiedenen Ungerechtigkeiten auf bzw. mit dem, was ich damals als Ungerechtigkeit empfand sowie auch andere Dinge, wo ich als Kind am Verzweifeln war, weil trotz meines ehrlichen Bemühens, alles zu verstehen und alles richtig, korrekt zu machen, ich irgendwie nicht genügen konnte bzw. manchmal war es mir trotz wiederholter Lektionen unmöglich zu verstehen, zu erfassen, mir zu merken oder dem zu folgen, was von mir gefordert wurde. Ich weiß nicht mehr, was ich mir damals dabei dachte, ob ich mir überhaupt etwas dachte, oder mich nur elend fühlte. Ich weiß nur, wenn es furchtbar war, schien es mir unmöglich, am nächsten Tag in die Schule zu gehen, wenn ich den entsprechenden Stoff noch nicht auswendig wusste... Dies alles dachte ich schon mehrere Male bearbeitet zu haben, mir und damaligen Autoritäten verziehen zu haben und bla-bla-bla... Keine Ahnung warum es jetzt so stark auftaucht...

Bitte... Wie fühlst du dich jetzt gerade?

Elend, nicht einmal deine Anwesenheit kann mich erheitern. Eher umgekehrt, ich beginne gleich zu heulen...

Warum tust du dir das an?

Was, ich verstehe nicht ...

Das Schreiben und das alles ...

Ich verstehe nicht ...

Warum schreibst du Bücher über deine eigenen Erfahrungen? Warum machst du deine Muster, deine Traumata, dein Leid sichtbar?

Tue ich es? Ich dachte, ich schreibe nur, was mich bewegt, was gerade da ist. Ich dachte, ich benutze meine Erfahrungen als Beispiele, als Ausgangspunkt für … keine Ahnung was.

Wolltest du je so leben, wie du jetzt lebst?

Ich weiß nicht genau. Ich weiß, ich wollte seit der Kindheit schreiben, ich wollte meine Sichtweisen mit anderen teilen… aber ich glaube nicht, dass ich mir je vorgestellt habe, dass es so schwierig sein wird, dass ich dafür durch diese „Mühlen" gehen würde.

Siehst du, du bist jemand, der sein Leben gänzlich der göttlichen Führung in die Hände gelegt hat … und jetzt hast du es … jetzt ist dein Leben eine reine Katastrophe, nicht wahr?

Ich habe keine Ahnung worauf du hinaus willst. Ich verstehe wirklich nicht, was es sein soll. Ist mein Leben eine reine Katastrophe?

Empfindest du es nicht so?

Wenn ich ehrlich bin, manchmal wahrscheinlich schon …

Manchmal?

Na ja, wenn du so fragst … ich glaube, ich habe irgendwo, irgendwie mein Leben schon immer wie eine kleine oder große Katastrophe empfunden. Aber gleichzeitig frage ich mich:

Habe ich es wirklich so empfunden? Ich weiß doch von so vielen Momenten, in denen ich mir bewusst war ... dass ich das Leben liebe ...

Ja ...

Ich habe das Gefühl, dass du wartest, bis ich selbst auf irgendetwas komme, bis ich es erkenne, aber... meinst du, ich soll erkennen, dass mein Leben in Wirklichkeit keine Katastrophe ist? Das weiß ich doch so und so, oder?

Ja und nein. Du bist dabei es zu verstehen, es zu sehen, es zu fühlen. Aber weil du gelernt hast, dein Leben wie eine „reine Katastrophe" zu betrachten, weißt du plötzlich nicht, als was du es sonst sehen sollst.

Das überschreitet heute, glaube ich, meinen Horizont. Ich glaube, ich verstehe dich nicht.

Und du hast das Gefühl, ich gehe nicht auf dich ein, ich helfe dir nicht, ich bin einfach nur da und warte, bis du von alleine die Antwort findest. Kommt dir das von irgendwoher bekannt vor?

Ja klar...

Und was tust du dann in so einem Fall?

Das ist eine gute Frage. Ich plage mich, schätze ich. Ich weiß, ich soll eine Antwort finden, irgendetwas sehen, verstehen, es lernen. Aber ich habe keine Ahnung was. Es scheint niemand da zu sein, der mir sagt – schau dorthin, darum geht es. Es scheint immer nur jemanden zu geben, der schon auf das/irgendein Ergebnis wartet. Aber ich weiß nicht, wie soll ich mich zum Ergebnis durcharbeiten, wenn ich keine Ahnung habe, um was es geht.

Genau.

Genau? Und das ist alles?

Ja.

Ich weiß, du willst mir irgendetwas zeigen oder aufzeigen, aber ich habe wirklich keine Ahnung, was ich damit anfangen soll. Soll ich etwas fragen?

Hast du eine Frage?

Ich fühle mich elend, aber ich weiß nicht, was ich fragen soll. Eigentlich will ich nur wissen, warum ich mich so fühle.

Aha, na dann frage mal...

Du bist gut, mach ich es nicht die ganze Zeit?

Nein!

Okay.
Also bitte: Warum fühle ich mich so elend?

Warum nicht gleich. Warum nicht gleich fragen?

Keine Ahnung ...

Vielleicht weil du nicht das Gefühl hattest, dass dir jemand Antwort auf deine Frage geben könnte?

Keine Ahnung ... Es ist wirklich seltsam heute. Ich bin wie ausgewechselt, wie nicht ich. Warum ist es so?

Du bist wieder in eine Kreuzung hineingeraten und es sollte bald weitergehen. Aber jetzt ist noch auf Rot umgeschaltet und das macht dich nervös. Du fühlst dich schlecht, wenn du stehen bzw. warten musst.

Deswegen fühle ich mich so elend? Deswegen fühle ich mich so fremd – so in alte Zeit zurückversetzt?

Na ja, **wenn du dich nicht dauernd weiterbewegst, scheinen dich manche Sachen einfach einzuholen.** So kannst du dir vorstellen, worauf die Eile der heutigen Welt doch basiert. **Alle eilen, flüchten, damit sie nicht eingeholt werden.**

Was soll uns nicht einholen?

Logischerweise das, wovor man irgendwann angefangen hat zu flüchten, was man versucht hat zu überholen, voraus zu gehen, voraus zu lernen, damit man, wenn es eines Tages nicht mehr anders geht, vorbereitet ist, damit man genug Wissen angesammelt hat, sich genug gestärkt hat usw.

Also willst du sagen, ich habe rot auf der Kreuzung, weil ich mir, bevor ich weiter gehen kann, noch irgendetwas anschauen soll, was ich mir bis jetzt nicht angeschaut habe, was mir irgendwo äußerst unangenehm ist oder dem ich mich nicht gewachsen fühle?

Ja, so kann man es auch sagen.

Aber was bei mir so auftaucht, das sind doch uralte Geschichten aus der Kindheit. Ich würde fast sagen: Kleinigkeiten gegenüber dem, was ich sonst so erlebe. Und trotzdem sind die Intensität und die Wucht mit dem Sonstigen vergleichbar. Wie geht das oder warum ist es so?

Du hast es schon mehrmals gesagt oder dem einen Namen gegeben: „das Sandkistenprinzip"[25].

---

25 *SandkistenPrinzip nenne ich Folgendes: Ein Kind, mit zum Beispiel drei Jahren, wird in eine Sandkiste zu anderen Kindern gesetzt und soll mit ihnen spielen. Es findet jedoch keinen Anschluss, wird von den anderen*

Du meinst, ich fing an wie ein kleines Kind vor irgendetwas zu flüchten, wollte schnell zum Beispiel erwachsen werden, damit ich dann mit den Situationen, mit denen ich zum Beispiel als Fünfjährige nicht umgehen konnte, endlich umgehen kann, aber weil es um eine bestimmte Erfahrung, um eine bestimmte Intensität ging, ist es mit mir, egal wie „groß" ich geworden bin, gewachsen. Das heißt, umso mehr ich eile, umso mehr ich weiß, erfahre, erlebe, umso weniger Angst ich habe, umso intensiver muss eine solche Erfahrung sein, die noch auf mich wartet, damit es den gleichen Effekt hat?

Ja, so irgendwie…

Du bist aber heute wirklich nicht gesprächig…, warum?

Kindern ignoriert oder mit Sand beworfen und/oder ihm werden seine Spielzeuge weggenommen. Dieses Kind versteht die Welt nicht, ist verzweifelt, ärgert sich, weint, versucht sich zu verteidigen, vielleicht auch mit dem Sand zu werfen, den anderen Kindern auch Spielzeug zu klauen bzw. das eigene zurückzuholen bzw. aus der Sandkiste zu flüchten. Das gleiche Kind in einem Erwachsenenalter empfindet in gewissen Situationen Ähnliches. Geistig und unbewusst fühlt es sich in eine Sandkiste gesetzt. Damit der Erwachsene in die Sandkiste reinpasst, muss diese größer sein, also der Rahmen muss dementsprechend gewachsen sein, sowie auch die „Kinder", also die „Gegner", die „Bösewichte" und das „Problem" muss angepasst, also größer werden, damit die Verhältnisse passen. Bis dieses „Sandkistentrauma" nicht verarbeitet wird, findet man sich im Leben immer wieder in ähnlichen Situationen, nur mit dem Alter und der Entwicklung, dem Verständnis angepassten Utensilien und Mitspielern. Die Sandkiste wächst sozusagen mit einem mit. So bleibt die „Perspektive", der „Horizont" immer der Gleiche, auch wenn man z.B. ein Geschäftsführer eines Großkonzerns ist. Der Konzern markiert dann eben die Sandkiste.

…du hast es oben gerade beschrieben – eine Erfahrung, die auf dich wartet. Wie oft waren die Menschen mit dir gesprächig, wenn du ein Problem hattest? Wie oft waren sie bereit, dir zuzuhören, sich auf dich einzustellen, auf dich einzugehen? Wie oft hattest du nur das Gefühl, sie waren sozusagen nur mit einem Ohr bei dir und mit den Gedanken woanders?

Ja klar, sollen wir also für heute Schluss machen und ich mich in das Erfahren stürzen?

Bist du nicht gerade im Erfahren?

Wahrscheinlich ja. Aber langsam bekomme ich Bauchweh, weil ich das Gefühl habe, dass da nichts fließt. Vielleicht bin ich die, die heute nicht fähig ist zuzuhören, sich einzulassen. Ich weiß es nicht – es ist auf jeden Fall sehr, sehr anstrengend für mich. Also … wenn du erlaubst, verabschiede ich mich für heute – im Rahmen dieser Gespräche.

Okay.

Wie es weiter geht erfahren Sie in:
BewusstseinsCoaching 5 – Grenzgänge II

Aktuelle Informationen zu Seminaren, Workshops und anderen Veranstaltungen der BewusstseinsAkademie®, sowie zu weiteren Büchern, die im Verlag der BewusstseinsAkademie® erschienen sind, finden Sie unter:

www.BewusstseinsAkademie.com

Aktuelle Artikel der Autorin Kristina Hazler sowie Informationen zu Ihrer Beratungs-, Coaching-, Training- und Therapietätigkeit u.a. auch zum Thema Hochsensibilität, Genialität, Aspektologie ... und ganzheitlichen physischen, psychischen und energetischen Konditionsaufbau finden Sie unter:

www.KristinaHazler.com

Bücher der Autorin, aktuelle Textartikel und Ausbildungseinheiten zum Download, finden Sie in unserem online-Shop wo Sie auch Seminare und Beratung direkt buchen können:

www.BewusstseinsWelten.com

Der Mensch und seine Heilung

Das göttliche Puzzle

ISBN: 978-3-903014-00-8

Mit viel Gefühl und Phantasie führt die Autorin die Leserinnen und Leser mittels bunten Gedankenbildern und anschaulichen Beispielen durch die spannenden Zeilen des Buches und fordert sie auf, aus den eingefahrenen und vorgegebenen Vorstellungen, Überzeugungen und Verhaltensmuster auszusteigen, besser in sich selbst hinein zu hören und sich mehr bewusst zu werden. Akribisch, detailgenau und physisch fast spürbar legt sie den Beweis vor, wie der erste Schritt zur Heilung im eigenen Erkennen liegt.

Eine wahre Geschichte

Die Heilerin und der Einweihungsweg

ISBN: 978-3-903014-22-0

Das Buch „Die Heilerin und der Einweihungsweg" beschreibt eine wahre Geschichte mit einem gänzlich subjektiven Inhalt: „Viele Monate verbrachten wir damit, unser Glück mit eingeweihten Methoden zu bemühen. Wir sandten heilende Energien auch in unsere Vergangenheit und unsere frühere Leben um die Blockaden zu lösen, die sich scheinbar „unglücklich" auf unser aktuelles Dasein auswirkten. Aber! ... Unsere Lektionen in der Welt der Wunder und des Wunderns waren noch lange nicht zu Ende."

Erwachen im MenschSein

Das Experiment

ISBN: 978-3-903014-03-9

„Das Experiment – Erwachen im MenschSein" ist ein aufregender, intensiver und geistig stark fordernder Roman zur Selbsterkenntnis und Selbstfindung mit intuitiven Heilungselementen. Die durch eine Vielzahl von Spannungselementen, plastischen Darstellungen und überraschenden Wendungen geprägte Geschichte eignet sich für den Leser hervorragend als Begleit- und Hilfsmittel zum eigenen Unbewussten und Erkennen des eigenen Ich.

BewusstseinsCoaching 1

Das menschliche Paradoxon

ISBN: 978-3-903014-04-6

Die als Bewusstseinscoach erfolgreiche Autorin beschreibt im Teil 1 der mitreißenden CoachingDialogen sehr persönlich und anschaulich die Möglichkeiten einer bewussteren Erfahrung unseres Selbst und unseres eigenen Lebens. Sie nimmt in ihren Geschichten den Leser mit auf eine packende Reise zum Verstehen und Erkennen des eigenen Ich. Durch eine ganz andere Betrachtungsweise und aus einem völlig veränderten Blickwinkel heraus leistet Kristina Hazler Hilfestellung, die Probleme etwas anders zu betrachten und zu erleben.

BewusstseinsCoaching 2

Die verkehrte Logik

ISBN: 978-3-903014-06-0

Der 2. Teil der aufbauenden Bewusstseins-Coaching-Reihe spricht verschiedene „Virusprogramme" unseres menschlichen Systems an, die wir in unserem Alltag unbewusst als „verkehrte Logik" ausleben und aus ihr heraus eine Art verkehrter Welt um uns herum aufbauen. Der Weg aus dem „Verkehrten", also zurück zu eigener Essenz und dem Natürlichen ist möglich, durch das Erkennen verdrehter Logik in unserem Leben und die Besinnung auf die natürliche, natürlich-logische Welt, die von der verkehrten nur überlagert wird.

BewusstseinsCoaching 3

Die Kunst der bewussten Wahrnehmung

ISBN: 978-3-903014-01-5

Dieses Buch ist der 3. Teil der aufbauenden Bewusstseins-Coaching-Reihe und beleuchtet die „Kunst der bewussten Wahrnehmung", wie auch die vielen „Warum"-Fragen, die in unserem Leben auftauchen. Nach der verkehrten Logik aus dem Band 2 führt dieser Band wieder einige neue Begriffe, wie zum Beispiel den Wissenstransfer, ein und stellt die Technik der Kontrastmittel und der bewussten Wahrnehmung als weitere BewusstseinsInstrumente vor, während er uns nach und nach in einen Zustand begleitet, in dem wir fähig sind, unser eigenes „höheres" Wissen ins Menschliche zu bringen, zu transportieren.

BewusstseinsCoaching 5

Grenzgänge II

ISBN: 978-3-903014-05-3

Dieses Buch ist der zweite Teil von „Grenzgänge", das als Teil 1 im Band 4 von BewusstseinsCoaching erschienen ist. Die „Grenzgänge" beleuchten verschiedene Arten von Blockaden, die uns unbewusst in Form von inneren Grenzen, energetischen Stauseen und Dämmen, die uns in einer Art künstlicher Welt einsperren, unseren Horizont verengen und das berühmte Hamsterrad am Laufen halten. Und was wenn die Grenzen fallen und die Dämme brechen und die Energie, das Bewusstsein, sich wieder zu bewegen beginnen? Worauf sollten wir achten um optimal auf „Neues" vorbereitet zu sein?

BewusstseinsCoaching 6

Die innere Instanz

ISBN: 978-3-903014-22-0

Das Lebendige, das Schöpferische hat von sich selbst aus einen SINN, seinen eigenen Sinn. Es existiert, ist in der eigenen Sinnhaftigkeit immer und jetzt. Es existiert im Sinn unabhängig von der verzerrten Wahrnehmung, unabhängig davon, ob es das Auge erkennt oder nicht. Man braucht dem keinen Sinn zu verleihen. Es ist sinnvoll. Diese ewige, immerwährende Sinnhaftigkeit erkennt man nicht mit den (bloßen) Augen. Die Sinnhaftigkeit spürt und lebt man. Man schwingt mit, wenn man sich für die Sinnhaftigkeit entscheidet, wenn man sich auf sie einlässt.

www.ingramcontent.com/pod-product-compliance
Lightning Source LLC
Chambersburg PA
CBHW062220080426
42734CB00010B/1959